人生に悩む
君に贈る

1行の問いかけ

自分だけの
答えが見つかる
36のヒント

佐々木常夫

日本実業出版社

はじめに

人生では、何が正解かわからないし、むずかしい判断を迫られることが少なくありません。

ましてや、いまのような「ウィズコロナ」の時代では、前例が通用せず、何を基準に考えればいいかもわからず、仕事でもプライベートでも、困惑することがたくさんあるでしょう。

そんな時代にあって、私たちはいったいどんな力を身につければよいのでしょう。

それは**自身で問いを立て、それを自分自身で考えて答えを出すことを繰り返す**ことです。

そのとき、「物事には必ずしも正解はない」という前提に立ち、立ちあらわれる問題に対し、**自らの頭で考え判断し、自分なりの答えをつかみ取ること。**

ウィズコロナの時代では、何よりそのような「自分で考え抜く力」が求められているのではないかと私は考えます。

この先行きの見えない不安定な時代の中で、特に大きな悩みを抱えているのは、やはり働き盛りの30～40代のみなさんかもしれません。

これまでの考え方ややり方ではどうも通用しなかったり、身につけたスキルにも努力して得た実績にも、いまひとつ自信が持てなかったり。

にも関わらず、考えるべきこととやるべきことは、山のように押し寄せてきます。

仕事では部下を育てながら、なおかつ結果を出すことも求められます。

プライベートでは、家族のこと、親のこと、お金のことなど、これまで経験したことのないさまざまな問題にぶち当たる……。

20代にはなかった葛藤の中で、「どう対応すべきなんだろう」「いまの自分のやり方でいいのだろうか」と戸惑いを感じ、悩んでいる人も少なくないことでしょう。

じつは、私も30～40代のころ、似たような葛藤を抱えていました。

私は39歳のとき、東レという会社で課長になりましたが、同じころ妻が肝臓病になり、入退院を繰り返すようになりました。そのため、自閉症の長男を含む3人の子どもの世話と妻のケアをしなければならなくなり、毎日18時には退社することを余儀なくされたのです。

限られた時間の中で成果をあげようと、私は必死に知恵を絞りました。

「課長の本来果たすべき仕事とは何か？」
「組織のメンバーが活性化するために何をすべきか？」
「自分も部下も定時に帰るにはどうすればいいのか？」
「忙しい中で子どもたちとコミュニケーションを取るにはどうしたらいいのか？」

このように、私は家庭では家族のケアをしながら試行錯誤を繰り返し、仕事では実績をあげることに懸命な努力をしてきました。

幸い取締役に昇進することができましたが、その役職をわずか2年で解任され、子会社に左遷されました。

時を同じくして、うつ病を悪化させた妻が自殺未遂をし、生死の境をさまようという事件が起こりました。

あんなにがんばってきたのに、なぜこんな目に遭《あ》うのか、いったい何が間違っていたのか……。

思いもよらぬ左遷と妻の自殺未遂というダブルパンチに、私は深く落ち込みました。

が、そうした度重なる困難の中でも、私は自分の抱える疑問に自分なりの答えを模索し続けました。

私がどんな状況にあっても自暴自棄にならず、前を向いて歩くことができたのは、この「自問自答で考え抜いてきたから」と言ってもいいでしょう。

常に問いを立て、考え、もがきながら答えを出し、なんとか壁を乗り越えてきたのです。

本書は、そうした私の経験から、読者のみなさんにも**「自問自答」の習慣をすすめたい**との気持ちから生まれました。

表題にある「問い」に対し、みなさんなりの答えを出していただくのが本書の狙いですが、その答えを考える糸口として、具体的な悩みをひとつ提示しました。

その悩みに、私がざっくばらんに答えるという形で本書は進みますので、読者のみなさんはそのお悩み相談を読みつつ、「ああ、自分も身に覚えがある」「なるほど、自分の場合はこうかな」など、ご自身に寄せて考えながら読んでほしいと思います。

あなたの心に問いかける1行を贈ることによって、あなた自身が考え、判断し、納得して答えを出すという力を身につけていただければ、これほどうれしいことはありません。

2021年6月

佐々木　常夫

はじめに

第1章 仕事で迷いが出たら

第2章 仕事の人間関係で迷いが出たら

第3章 家族との関係で悩んだら

第4章

お金とのつき合い方で悩んだら

第5章 人間関係がうまくいかなくなったら

第6章 いまの自分に疑問を持ったら

編集協力　藤原千尋
装丁　三森健太＋永井里実（JUNGLE）
本文DTP　浅井寛子

第1章

仕事で迷いが出たら

いつもトラブルや
ミスばかりしてしまう

ミスを振り返ることができていますか？

トラブルやミスが続くと、あわてたり自己嫌悪に陥ったりして、ますます失敗を繰り返す……という悪循環にハマることもありますよね。

「どうして、こうもドジばかり踏むのか」「自分で自分がイヤになる」

そんな気持ちになってしまうこともあるかもしれません。

そういうときは、ともかくいったん落ち着いて、なぜそんなトラブルやミスをしてしまったのか、冷静にひとつひとつ振り返ってみることです。

「ミスをしたのは、あそこで先方への確認を怠ったからではないか」

「トラブルを防ぐには、この作業にもっと時間を割くべきだったのではないか」

事の一部始終をていねいに振り返り、どこがマズかったのか原因を探り、今後どうあらためればいいか具体的に考える。これを愚直に実践すれば、ミスやトラブルはおのずと少なくなるはずです。

じつを言うと、私も30歳になるころまではしょっちゅうミスをして、上司に叱られていました。当時の上司はとても仕事のできる人で、私は失敗するたび、人前でこっぴどく怒鳴りあげられていました。

(自分が悪いのはわかるけど、こうもたびたびこき下ろされるのはかなわないなぁ)

そう思った私は、なぜミスしてしまったのかを、ちょっと立ち止まって考えるようにしました。そして、ミスをなくすには何をすればいいか、あれこれ頭を使って考えるようになりました。たとえば、次のようにです。

●いつもバタバタで不備が多い↓準備不足が原因↓会議やプレゼンの前はこれまでの倍の時間を取る

●やり忘れ、伝え忘れが多い↓頭の中だけで処理しているせい↓些細なことでもメモを取り、メモは必ず見返すクセをつける

いかがでしょう？ 「なーんだ、そんなことか」と思いましたか？

じつは、トラブルやミスの原因というのは、案外「そんなことか」と思うようなものばかりです。ミスを防ぐ具体策も、「時間の余裕を取る」「繰り返し確認する」など、仕事の初歩と思われるものがほとんどです。

要するに、**「ミスやトラブルばかり」を改善するには、「そんなことか」と思うような、「社会人としての基本」に立ち返ることが重要なのです。**

ビジネスでは、よく「プラン・ドゥー・シー」という言葉が使われますね。

計画（プラン Plan）を立て、実行（ドゥー Do）し、結果を評価（シー See）する。評価が予測から外れていたりトラブルが生じたら、原因と対策を考えて反省材料とし、次の計画に活かす。

「プラン・ドゥー・シー」は、いわば仕事を進める基本中の基本ですが、みなさん、案外これを怠りがちです。何も考えず、場当たり的に業務をこなそうとする人がたくさんいます。

でも、計画も立てず自己評価もせず、やみくもに行動するのは、時間や能力の無駄遣い。努力が水の泡になり、挫折や失敗を繰り返すことにもなりかねません。

「プラン・ドゥー・シー」は、何も大きな仕事をするときだけのものではありません。会議の準備をする、期日までに資料を作成するなど、日常の業務に当てはめ、身近なところで回すことを覚えてこそ、習慣として身につきます。

こうした習慣が身につく、つまり「どうすればうまくいくか」と考えられるようになったらしめたものです。「どうすれば」と考えられるということは、その先に次々何かを発見できる可能性があるということだからです。

仕事を覚えるというと、みなスキルを身につけることばかり考えます。でも、それより大事なのは、**自分で「どうすれば」を考えること。自分なりに仕事の「志《こころざし》」を見つ**

けていくということなのです。

志が見つかれば、仕事は格段に楽しくなりますよ。それを「どうせ自分はミスばかり」で終わらせてしまうなんて、こんなもったいないことはないですよね？

自分がダメだの誰が悪いだのとモヤモヤしてる時間があったら、ミスを繰り返さない具体策を考え、確実に実行する。これを心がけてみてください。

それと、社会人の基本として、もうひとつ覚えておいてほしいことがあります。

「わからないことは素直に聞く」ということです。

これまでにやったことのない業務を任されたり、異動で畑違いの仕事をすることになったりした場合、当然わからないことだらけになります。

そういうとき、「こんなことを聞いたら恥ずかしい」「ばかにされたり、迷惑がられるのではないか」などと考えず、積極的に聞いて学ぶことを忘れないでほしいのです。

40代のころ、私はよく異動を経験しました。関連会社の立て直しのメンバーに選ばれ、右も左もわからない仕事に突然放り込まれたこともあります。

このときは本当に途方に暮れました。何から手をつければいいのかもわかりませんから、とにかく聞きまくるしかありません。どの人に何を聞けばいいのかさえわからなかったので、まずそこから聞くという有様でした。

でも、この経験のおかげで、私は「聞く」ということに抵抗がなくなり、誰にどう聞けばいいのか、「戦略的に聞く」ということを学びました。

なぜ、どういう目的でそれを知りたいのかを真剣に伝えれば、人はそれに答えてくれる、そこから信頼関係も育まれる、ということも学んだのです。

「振り返って考える」も「わからないことは素直に聞く」も、決してむずかしいものではありませんよね？　やろうと思えばいまからでも実践できますね？

一見簡単に見えることでも、積み重ねれば大きな力になります。習慣になれば、もともとの才能を超えて仕事のできる人になることも可能です。

「よい習慣は、才能を超える」のです。

「振り返って考える」習慣を身につける

「プラン・ドゥー・シー」を実践する

いくつになっても、わからないことは素直に聞く

仕事はマネや模倣することからと、知っていますか？

なぜか自分は仕事が遅い。ある人がやれば1時間で片づいてしまうものを、自分がやると数時間、悪くすると1日2日とかかってしまう。

だから自分は仕事ができない、能力がない。

もしかすると、あなたはそう思っていませんか？

だとしたら、それは間違っていますよ。

そもそも仕事というのは「雑用の塊《かたまり》」。メールを送る、電話をする、ちょっとした計算をする、資料をまとめる。どれも大事な仕事には違いないけれど、特別な才能を求められるようなものではありませんよね？

ですから、仕事がスムーズに進まないからといって、「仕事ができない」「能力がない」と悲観する必要はまったくないんですよ。

ただ、ほかの人が1時間で済ませられるものを1日も2日もかかるというのは、ちょっと問題です。会社も困るでしょうし、あなた自身もなんとかしたいですよね。

じゃあ、解決するにはどうしたらいいか。

ヒントは、自分の「仕事のやり方」を見つめ直すこと。自分がどういう仕事のやり方をしていたか、一歩引いて客観的に考えてみるのです。

ある編集者が、こんな話をしていました。

なんとかしてヒット作を出したい。これまでにないものを作って、ベストセラーを出して、周囲をあっと言わせたい。

でも、いくら時間をかけてがんばっても、ヒットどころか企画会議さえ通らない。「そんなの売れないよ」と相手にもされない。空回りする編集者に、編集長がこんなアドバイスをしたそうです。

「1からオリジナリティを追求するのでなく、売れている本の真似をしなさい。真似をベースにして、自分なりのものを作ればいい」

そう言われて、売れ筋を参考にして作った企画を提案すると、会議は簡単に通過。その本はそれから順調に版を重ね、結果的にヒット作になったそうです。

「二番煎じのような企画がウケるなんて」と彼は心中複雑だったそうですが、人真似を土台に自分なりのものを作り、念願のヒット作につなげたことに変わりはありません。

そう、何が言いたいかわかりますね。

仕事をスムーズに進めるには、1から何もかも自分でやろうとするのではなく、すでにある優れたものの真似をする。先人のやり方の真似をしながら、自分流にアレンジを加えればいいのです。

私がこのやり方を本格的に実践するようになったのは、先述した関連会社の立て直しに関わったあとです。本社に戻り、出向前と同じ企画に関する部署についた私は、書庫の整理に取りかかりました。

書庫には経営や開発の会議資料、さまざまな事業分析の結果など、過去の書類が未整理のまま置かれています。私はその膨大な資料を残すものと捨てるものに分け、「残すもの」には名前をつけて重要度ランキングごとに分け、ファイルリストも作りました。

こうしておけば、すぐに「真似すべきお手本」を選び出せます。「これに関する資料を作れ」と命じられたら、「それなら、あの資料のフォーマットを引用すればいい」「この分析の、この着眼点をもらおう」と即座に仕事にかかれます。

何もないところから始めるより、ずっとスムーズに仕事が進みますよね。

何しろ残された資料は、参考に値する優れたものばかりです。そこに最新のデータを当てはめ、自分のアイデアを少し乗せればいいだけですから、仕事が速く進むに決まっていますよね。

じつは、私もそれまでは1から全部自分でやろうとしていました。そのせいで、余計なことや遠回りばかりしていましたが、多忙を極める立て直しの業務に揉まれるうちに、「少しでも早く片づけるには先人の作品を使わせてもらう＝人真似が一番」ということを発見したのです。

もちろん、何もかも人真似でいいとは言いません。自分で必死に考えてアイデアを捻り出すことも大事です。

でも、自分だけで考えるのはどうしても限界があります。時間だけ費やして、ろくなものができないという結果にもなりかねません。

仕事をスムーズに進めるには「プアなイノベーションより、優れたイミテーション」。仕事をやり始める際は、この言葉を思い出してくださいね。

「真似をする」とは少し異なるかもしれませんが、自分でメモしたアイデアや業務の記録なども、貴重な「お手本」になってくれることがあります。

私は若いころから、自分の仕事に関わる重要な数字、本で読んで心に残ったフレーズ、仕事の試行錯誤や失敗談を、手帳にメモすることを習慣にしていました。そして、書き出したメモを読み返し、記憶に焼きつけたり深めたりしていました。

これを繰り返すと、覚えたことが必要なときにヒョイと顔を出し、仕事の中で大いに役立つことがあります。

「たしか、去年のいまごろも同じような業務があったな。あれを参考にしよう」「以前はこんな反省があった。同じ轍《てつ》を踏まないよう工夫が必要だ」など、いまの仕事の助けになってくれることもあります。

自分でつけた記録が、お手本になったり反省材料になったりと、あとあと自分自身を助けてくれるのです。

こうしたメモは、手書きがおすすめです。スマホやパソコンでやろうとしたこともありますが、手で書いて見返すほうが血肉になる気がします。手書きのほうが、手を動かしている間に頭の中でいろいろ考えるから、かもしれませんね。

1から何もかも自分でやろうとしない
優れたものの真似から入って、自分なりにアレンジする
「手書きのメモ」を作って仕事の精度アップに役立てる

仕事はゲーム、楽しむ姿勢を持っていますか？

「売上をあげろ」「もっといいアイデアを出せ」

仕事では、とかくこんなセリフが飛び交いますよね。

毎日プレッシャーで押しつぶされそうで、仕事が全然面白くない。面白いどころか、つらいものでしかない。そういう人は、とても多いと思います。

でも、**やっぱり仕事は面白くやるのが一番。**そもそも面白くなければ、長続きしないでしょう?

じゃあ面白くやるにはどうしたらいいか?

いいことを教えましょう。**「仕事はゲーム」と考えるのです。**

たとえば、私は課長だったとき、決算期の3月になると部下たちを集め、こんな指示を出しました。

「自分の担当の部署の売上や利益を見て、来年はどうなっているか予測してみなさい。その理由も考えなさい。で、1年後予測が当たっているか外れているか、その理由が合っているか合っていないか、振り返ってみなさい」

1年後、予測も理由も当たっていたら、優秀賞。理由は悪くないのに数字が少し外れていたら、残念賞。予測も理由も外れていたら、ドベ。何が悪かったかよーく考えさせて、次こそは優秀賞を狙えるようがんばらせる。

これを繰り返すと、最初はダメでも、みな次第に予測が当たるようになります。予測が当たれば、誰もが「よっしゃ！」となり、予算目標や修正案を考えることに前向きに取り組むようになります。

どうです？　予算ひとつ立てるにも、こんなふうにやればゲームみたいで楽しいと思いませんか？

売上をあげるのもいいアイデアを出すのも、決して簡単ではありません。多くの資料を紐解いたり、いろいろ見聞きしたりなど、相当な努力が求められます。

そんな苦行に、生真面目に真正面から取り組んだら、誰だって疲れてしまいます。

だからこそ、遊び心を、ゲーム感覚を取り入れる。

「ビジネスは予測のゲーム」と覚えておきましょう。

「予測のゲーム」にできるものは、予算以外にいくらもあります。

たとえば人間関係。社内の別の部署や取引先の人と名刺交換をしたら、相手の第一印象を名刺にメモします。「穏やか」「神経質」「よくしゃべる」など、ともかくいったん感じたことを率直に書きます。

で、２度目に会ってちょっと印象が変わったり、ほかの人からの意見で別の側面に気づいたら、さらに書き込み、前の印象を修正します。「穏やか→と思ったけど意外と短気」「神経質→でも面倒見はいいらしい」など。

これをやると、相手の情報が多面的に蓄積されます。「この人とうまくやるには、こうすればいい」「ここを押さえれば、やる気を出してくれる」など、その人とうまくやるための仮説が立てられるようになります。

仮説がドンピシャで当たれば、スムーズにストレスなく仕事ができて万々歳。外れていたら、修正して仮説を立て直して次に活かす。それで当たれば、「やった！ 今度は勝ったぞ！」という気分になりますよね。

仮説をうまく立てるコツは、初対面で相手を「決めつける」こと。

「こういう人かも」「いや、ああいう人かも」とあれこれ揺れ動いてしまうと、第一印象がぼやけ、予測が立てにくくなります。また、「いい人」「いやな人」と感情で捉えてしまうと、相手に関する正確なデータが得にくくなります。

好き嫌い抜きに、冷静な目で相手を見る。そして、まずはそのとき感じたままに相手を決めつけ、あとで決めつけた印象を振り返り、必要に応じて修正を加える。

「ゲームに勝つ」には、これを繰り返すことが大事です。

ちょっと遊びすぎかもしれませんが、私は30～40代のころ、役員の改選期の前になると、誰がどの役職につくかを当てる「役員予測」もしていました。

競馬や競輪よろしく、役員になりそうな人たちのデータを集め、「次はこの人が来る」「副社長はあの人だろう」と、誰がどの役職につくかを予想したのです。

手前味噌ですが、これがけっこうよく当たりました。すべてパーフェクトで当ててしまったこともあります。面白がって、「佐々木さん、次はどの人が来る？」なんて、私に予想を聞きに来る人もいたほどです。

予想が当たったのは、「ゲーム」が楽しくて、熱心に上役を観察していたからかもしれませんが、人事予想というのは思いのほかむずかしい。

仕事がいくらできても、上の人に気に入られなければ上に行けないこともある。周囲から地味だと言われても、人望を買われて役員に抜擢されることもある。何もかも完璧だと思われても、タイミングが悪くて昇進できないこともある。

そうした微妙なところを見抜いて、「この人はいける」「あの人はダメかな」という予測が当たったときはうれしくもあり、人事というものの奥深さを痛感したりもしたものです。

ところで、この「予測ゲーム」は「苦手な上司」を相手に挑戦するのもいいと思いますよ。

私もかつてやってみたことがあります。「この人、苦手だな」「合わないなあ」と思う上司に当たったら、好き嫌いは横に置いて、先ほど紹介したやり方で相手に関するデータを集め、それに基づいて対応してみるのです。

予測がハマり、相手がこちらの予想通りの反応を示してくれたときは、「やった！ 俺の勝ち！」と、内心ガッツポーズでしたよ（笑）。

このように、厄介《やっかい》な人間関係で悶々《もんもん》としそうなときは、ゲーム感覚でつき合ってみる。苦手な人ともストレスなくやっていけると思いますよ。

「仕事はゲーム」と考えてみる
「決めつけ」と「修正」で仮説を立てる
苦手な相手には、「予測のゲーム」でつき合ってみる

うまく進めるには「事実の把握」、できていますか？

新しく大きな仕事を任された。それはよかったですね。

成長するチャンスが与えられたということですから、不安だなんて言っていないで、成果を出すべくがんばりましょう。

とはいえ、不安になるのもわかります。期待されていると思うと、「がんばろう！」と思う反面、責任の重さにちょっとひるんでしまうこともありますね。

でも、任されたということは「あなたならできる」と判断された証拠。気負わず普段通り、仕事に向き合えば大丈夫ですよ。

ただ、この「普段通り」の中に、落とし穴が潜んでいることがあります。

「思い込み」という落とし穴です。

たとえば上司から、「この前、頼んだあの案件、期日に間に合うようにやっておいてね」と言われたとしますね。

そういうとき、（あの案件ってアレのことだよね）（期日っていうのは月末のはずだから、それまでにひと通り準備すればいいか）などと考えてしまいませんか？

でも、期日というのはひょっとしたら、「月末」でなく「20日すぎあたり」のことを言っているかもしれません。「この前、頼んだあの案件」というのは、あなたが考えている案件とは別のものを指しているのかもしれません。

そこを誤ってしまうと、「なぜ、まだできていないの？」「私が頼んだのは、これじゃなくてあっち」となってしまいます。「こんなこともできなくてどうするんだ！」と信頼を失うことにもなりかねません。

「もっとハッキリ指示を出してくれればいいのに」と思うかもしれませんが、上司の指示が曖昧なのは仕事では日常茶飯事。「上司のせい」と思ったところで、結局はあなたのミスということにされてしまいます。

そんなことにならないためには、「あの案件とはどの案件なのか」「期日とは具体的にいつなのか」をこちらからしっかりと確認する。

「事実を確認し、現実をガッチリ把握する」ことが不可欠です。

かく言う私も、若いころはよくこうした失敗をしました。

上司から指示を受けた際、「きっとこういうことだろう」と思い込みで仕事に取りかかり、できたものを上司に提出して初めて過ちに気づき、1からやり直す羽目になってしまったのです。

これに懲《こ》りた私は、それからは指示の内容を具体的に、しっかりと確認するようになりました。

たとえば、「○○新聞にあった、××に関するあの記事をコピーして」と言われたら、「△△という製品についての記事ですね」「何月何日の記事でしょうか」と、いちいち確認するようにしたのです。

「そんなのいちいち聞いていたら上司に煙たがられる」と思うかもしれませんが、間違った仕事をして叱られたり、1からやり直したりすることを考えたら、うるさがられてもきちんと聞いておいたほうがいいですよね？

仕事に慣れてくると、「こうするのが当たり前」「これはこういうもの」という固定概念にどうしても囚われがちです。ベテランになるほど陥りやすい落とし穴と言っても過言ではありません。

だからこそ、「思い込み」がないかどうか注意を向ける。事実を把握できているかを確認する。実力をいかんなく発揮するには、まずここを押さえるのが重要です。

また、「事実の把握」は一度やればいいというものではなく、仕事を進める中で、何度か確認することを心がけましょう。面倒かもしれませんが、仕事がある程度進んだら、そのつど途中で上司なり関係者なりにチェックしてもらうのです。

「一度、確認したんだから大丈夫」と思っていても、作業するうちに方向性を誤ることもあります。そのつど確認すれば、上司に進捗状況を報告することにもつながります。こうすると勘違いや回り道が回避でき、より効率的に進められますよね。

ところで、「事実を把握する」というのは思う以上に厄介な場合があります。「これが事実」と思っていても、じつは中途半端な事実だったというケースもあるからです。

たとえば、上司Aがあなたに「これはこうだ」とアドバイスした直後に、別の上司Bが「それは違う、事実はこっちだ」と言ってきたとします。

さてどちらが正しいのか。困りますね。

こういう場合、どこかに中途半端な事実が紛れています。上司Aが「希望的な事実」を言っているだけかもしれませんし、逆に上司Bが「思い込みの事実」を言っているかもしれません。

こういうことに振り回されないようにするには、やはり日ごろから周囲の人の性格やものの見方、考え方を観察するに限ります。その人は何に基づいてそう言っているのか、相手の話に冷静に耳を傾ける姿勢も求められます。

むろん、自分の目で見て確かめられれば、それにこしたことはありませんが、何から何まで自分の目で見て確かめるなんて無理ですよね。とても現実的とは言えません。そこで、**他人の話している内容や持ってくる情報が確かかどうか、見極める力をつける。**確認やチェックを怠らないだけでなく、相手が嘘を言っていないか、確実なことを口にしているかどうかを見抜く目を養うのです。

じつは、この**「事実の把握」**を一番できなくてはいけないのは経営者です。経営者に最も求められるのは、事実や現実を把握する力と言っても過言ではありません。

嘘のない、正しい情報をあげるよう部下を育成する。これはリーダーに課せられた最たる使命でもあるのです。

慣れゆえの「思い込み」がないか、チェックと確認を

確認は一度だけでなく、進捗報告を兼ねて何度か行う

確かな事実をつかむには、「日ごろの観察」も重要

仕事は「何でも速いほうがいい」と焦る

「なんでもすぐに」が本当にいいのでしょうか？

確かに、仕事は手っ取り早く終わらせるに限ります。

そうすれば残業せずに済みますし、余った時間を有意義に使えます。

ダラダラ仕事をするのは百害あって一利なし。そう言って間違いありません。

ただし、だからといって「すぐやる」がいいとは言えません。

というか、むしろ「すぐやる、すぐに走り出す」のは控えるべきです。

なぜなら「すぐやる」は、かえって回り道になり、仕事を早く済ませるどころか、時間がかかってしまうことも多いからです。

たとえば、資料を作成して、誰かにメールなどで送るケースです。素早く作って素早く送ることばかり考えてしまうと、たいていの場合、漏れが出ます。

ちゃっちゃと仕事を片づけようとして、「あ、これを入れ忘れた！」「こういう内容も盛り込むんだった」となり、わざわざ作り直して送るという二度手間になった経験が、あなたにもありませんか？

そうならないためには、「すぐやる」前に考える。「抜けはないかな」「足すものはないかな」と立ち止まって考える。

要するに、仕事は**「すぐやる」より「考えてからやる」ほうがムダを省き、スピーディーに、効率よく片づけられるのです。**

先ほど、「プアなイノベーションより、優れたイミテーション」という話をしましたね。これも同じ理屈です。

何もないところから突っ走るより、「真似できるものはないか」を考えて、そこをベースにやり始めるほうが、ずっとスムーズに捗《はかど》りますよね。

考えるひと手間がかかったとしても、1から試行錯誤して手間暇をかけるより、ずっとラクに、短時間で仕事が終わりますよね？

まず考えることでムダを省く。ムダを省いて最短コースでやる。

この習慣を身につけましょう。

私が「ムダを省く」ことに知恵を絞ったのは、家族の事情が理由です。

妻が病気で倒れてしまったため、私は18時に退社し、家事や3人の子どもたちの面倒を見なければならなくなりました。物理的に長時間労働ができなくなったために、労働の効率化を考えざるを得なかったわけです。

定時に帰宅するため、効率的に仕事を終わらせようと、私はさまざまな方法を取り入れました。その結果、私の部署は残業がほぼゼロになりました。これまでは月に100時間近くも働いていた人たちが、定時に帰れるようになったのです。

ところが、中には残業をやりたがる部下もいました。

「もう終わりにして帰っていいよ」と言っても、「もうちょっとやってから帰りたい」

「こういう重要な資料を作っているのに、なぜ課長は帰れなんて言うんですか」と言うのです。

いったいどれほど重要な資料を作っているのかと部下の机の上を見てみると、私からすればまったく必要のない表やグラフを作成していました。なくても何ら問題のないものばかりです。

そこで、私は彼に、「それは必要ないよ。作る価値はないから、やめて帰りなさい」と言いました。しかし彼は、「そんなことはないです。絶対にこれは必要です」と言って聞き入れません。仕方なく、私は彼に言いました。

「それなら家に帰ってやりなさい。君は会社が求めていないものをやっているわけだから、残業というわけにはいかない。指示された以外のことをしているわけだから、それはもう仕事でなく趣味でしょう」

最終的に彼はしぶしぶ切りあげて帰りましたが、こういう働き方はもってのほかです。仕事熱心なのはけっこうですし、残業が必要な場合もありますが、やるべきことをやらなくてもいいこととの区別は、きちんとつけなければなりません。

ただ、彼がこういう働き方をするに至ったのには、私の前の課長にも責任がありま す。前任の課長は細かいデータ作りが好きな人で、自ら作成し、そのために何時間も 残業をするような人でした。

あなたの職場にもこういう人がいるかもしれませんが、決してほめられたものでは ありません。お手本にしないよう、くれぐれも気をつけてください。


ところで、「まず考える」において、とても重要なことがあります。

いつまでに終わらせるか、「締め切り」をしっかり確認するということです。

そこから逆算して、いつまでに何をすればいいか、そのためには何を準備すればい いかなどを考えるのです。

仕事をするとき、締め切りも何も考えずに「とりあえずこれ」という感じで、成り 行きで進めていませんか？

そういうやり方だと、どうしても余計な作業をしてしまいます。どうでもいいもの にばかり時間をかけ、重要なものに手をかけられず、やがて時間がなくなり、いい仕 事にならなかったという結果になりかねません。

「それなら残業したり、家に持ち帰って完璧にやればいい」と思いますか？

いいえ、それではダメです。結局、時間を引き延ばしただけで、ろくな仕上がりにはなりません。きちんと締め切りを守るべく、緊張感を持ち、注力して仕事をすればこそ、いい仕上がりが期待できるのです。

また、**仕事を効率的にやるには、「自分でやらない」ことを考えるのも大事です。**詳しい人に知恵やノウハウをもらったり、場合によっては作業を外注する。自分でやるより外注したほうが、コストパフォーマンスがいい場合もありますよね。

やらずに済むことは手を抜いて、ここぞというものに手をかける。

すぐやる前に、「戦略的に計画を考える」ということが大事なのです。

「すぐやる」前に、「まず考える」

ムダな仕事をしていないか、振り返ってよく確認

「締め切り」を確認し、「自分でやらない」ことも考える

行きたくない部署に異動になって
やる気が起きない

「それもアリだな」と受け入れる余裕がありますか?

異動だけでも不安なのに、行きたくない部署となると、モチベーションまで下がってしまいますよね。

サラリーマンである以上、異動はあって当たり前。頭でわかっていても、実際に異動を言い渡されると、「自分に能力がなかったということかな」「上司に嫌われたのかな」など、悪いほうにばかり考えてしまうかもしれません。

じつは、私にも似たような経験があります。

私は入社以来、ずっと企画や管理の仕事をしてきましたが、あるとき上司に呼び出され、営業への異動を命じられました。40歳をすぎたあたりのころです。

当時私がいた会社では、企画や管理から営業への異動は、いわば左遷みたいなものです。先人の例を見る限り、「仕事のできない人が飛ばされる」といった印象がありました。だから私も、はじめは「自分は飛ばされたのか……」と少ししょげていました。

上司からは「君は企画しかやったことがないから、営業で勉強してくるといい」と言われましたが、慰《なぐさ》めとしか受け取れず、「行きたくない部署に異動になってしまった」と思っていました。

でも、クヨクヨしたところで異動が取り消しになるわけではありません。「まあ、なんとかなるだろう」と腹を括り、新人として1から学ぶ気持ちで、営業の仕事に全力で取り組みました。

そして異動から2年を迎えようというある日、私は再び新しい人事を言い渡されました。異動先はなんと、再び企画の部署でした。

そう、営業への異動は左遷ではなく、上司の言葉通り、私に勉強させるため、営業の経験を積ませるためだったのです。

このように、勉強や経験のために異動を言い渡すケースは珍しくありません。当人の適性を考え、「他部署に配置したほうが能力を発揮できる」と判断されることもあります。

だからあなたも、「行きたくない部署になった」と落ち込まなくても大丈夫。きっとその異動が、いまよりもっと、あなたの力を伸ばしてくれますよ。

ちなみにその2年後、私はまた別の部署に異動することになりました。

私がいた東レは、化学繊維をはじめとするさまざまな「素材」の会社です。事業の主軸はポリエステル、ナイロン、アクリルなどの繊維でしたが、ほかにプラスチックなどの合成樹脂、環境や医療に関わる新事業などに分かれていました。

私は長らく繊維の分野に所属し、営業への異動も繊維内での話でしたが、今度は繊維自体から離れ、プラスチックの部署への異動を命じられました。営業への異動以上の、まさに畑違いの分野への大異動です。

これには当初、大いに困惑しました。

何しろずっと繊維畑でやってきたわけですから、プラスチックの知識はほとんどありません。みんなが当たり前のように使っている用語もチンプンカンプン。製品名さえもよく知らず、話についていくのもままならないという有様でした。

そこで私は、専門用語や化学式を覚えることから始めました。暗記用の単語カードを使い、通勤電車の中で繰り返し見て、頭の中に叩き込むということもしました。

「いまさら受験生のように、必死に勉強するなんて」と思うかもしれませんが、新しい部署についたら、やはりこういう努力は不可欠です。

「興味がないし苦手だし」「そのうち覚えればいい」と悠長に構えず、専門知識を覚えるなり本を読んで勉強するなり、できることはどんどんやる。そのほうが、周囲も「あの人、がんばっているね」とあなたのやる気を認めてくれるはずです。

先ほども触れたように、周囲の人に聞いて教えてもらうことも重要です。

私はプラスチックの部署への異動で担当部長になりましたが、次長や部下たちにも頭を下げ、わからないことは素直に教えを乞いました。部下だろうと年下だろうと、きちんと相手を「さんづけ」で呼び、敬語を使って尋ねました。

するとほとんどの人は快く教えてくれました。最初はわからないことだらけだったため、まさに聞きまくりの状態でしたが、みな親切に説明してくれました。礼儀正しく接したことが、功を奏したのでしょうね。

ちなみに、その部署の次長は私の同期でしたが、私は彼に対しても敬語を使い、呼び捨ては控えました。普段は親しく友だち口調で話しても、仕事を教えてもらうときは相手をリスペクトし、ていねいな言葉遣いで接するよう気をつけました。

このように、**新しい部署で仕事を覚えるには、地道に努力する姿勢はもちろん、「礼儀正しさ」を武器に他人から学ぶことが大事です。**

ん？「新しい部署では存在感を示したり、なんでも知っているような顔をするのも必要なんじゃないか」ですって？

なるほど、確かにいますね、新しい環境で舐《な》められまいとマウントを取ろうとしたり、知らないことも知っているフリをしてハッタリをかます人。

でも、しょっぱなからそんなことはしないほうがいいですよ。中身もないのに虚勢を張っても、あとあとボロが出てかえって立場が悪くなるだけ。そもそもいきなりやって来てマウントを取ろうとする人なんて、不愉快なだけでしょう?

もちろん、存在感を示すのも大事ですよ。ちょっと注目されるようなことをしたり、「この人、面白いな」と思われる発言をしたり。新参者だからといって、ただ大人しく、頭を下げて従ってばかりがいいとは言いません。

ただ、それもあくまでベースがあってのこと。礼儀正しさや謙虚さという根っこがなければ、ハッタリも知ったかぶりも、ただの徒花《あだばな》で終わりです。

行きたくない部署で、才能が磨かれることもある
新しい部署では、「努力」「謙虚さ」を武器にしよう
ベースに「礼儀正しさ」があってこそ、存在感は花開く

仕事が大変すぎて、自分が得することばかり考えてしまう

「相手の利益が自分の得になる」と考えたことがありますか？

仕事で利益を出す。知恵を絞って得する方法を考える。

それは、働くすべての人に課せられた使命です。世のため人のため、社会に役立つ事業を目指すのももちろん重要ですが、利益が出せなかったら、そもそも事業は成り立ちません。

事業を成り立たせるには、自らの得を第一に考え、人より得をすることを考える。道徳も大事だけれど、綺麗事ばかり言っていられない。それが仕事というものの現実かもしれません。

ただし、自分だけが得をすればいいのかと言えば、そんなことはありません。自分だけ得をして、他人は損しても構わないと考えているとしたら、それは誤りです。どんな場合も「相手の立場に立ってものを見る」ことを忘れてはいけません。

自分も得をし、なおかつ相手も得をする、あるいは相手に損をさせないやり方を考える。それが結果的に自分の利益を最大化する一番の道です。

たとえば営業部にいたころ、こんなことがありました。

当時、東レの漁網《ぎょもう》やテグスを扱う水産資材課では、月に1、2度、資材販売のために2泊3日で地方出張に出かけていました。でも調べてみると、それほど時間やお金をかけるような出張ではありません。

そこで私は、その出張をやめて、代わりに毎週決めた曜日に取引先に電話で連絡するよう指示しました。そうすれば、会社だけでなく先方にも余計な経費をかけさせずに済むはず、そう思ったのです。

すると、出張費が削減できただけでなく、空いた時間に部下に別の仕事をさせることができました。しかもそれだけでなく、月1の出張を週1の定期連絡に変えたことでコミュニケーションが増え、先方とのやりとりがスムーズになり、「業務改善につながった」と喜んでもらうこともできました。

自分だけでなく相手の得も考慮した結果、より強い信頼関係ができたわけです。

当時の取引先の担当者とは、いまでもたまに話をする機会があります。「あのときは毎週いろいろ話せて、楽しかったですよね」と話題になります。コストや人員の削減だけでなく、相手との関係も深まったと思うと、やはり仕事ではコミュニケーションが重要だと実感します。

いまは新型コロナウイルスの影響で出張が減り、オンラインでのやりとりが増えていると思いますが、これはコスト的にもコミュニケーション的にも、大変好ましい傾向です。

オンラインなら資料などを共有しながら打ち合わせができるわけですから、実質的に対面とほぼ変わりません。こんな便利なものはないですよね。

ただし、**場合によっては、直接出向いて話さなくてはならないこともあります。こちらのミスで、相手に迷惑をかけたり、損害を与えたりした場合です。**

こういうときは、いち早く行動しなければなりません。電話でもメールでもなく、直接会って謝罪する心づもりを持たなくてはいけません。

「こっちが損したわけじゃないし、すっ飛んでいかなくても」なんて呑気に考えてはダメ。「電話で謝ればいい話」と軽く考えるのも、もってのほかです。

中には損をしたくなくて、自分の立場を悪くしたくなくて、いい加減にごまかして絶対に謝ろうとしない人もいますが、それは愚かです。そんなことをしたら信用を失い、大きな損失につながる危険性も高くなります。

じつは、私自身大きなミスをし、取引先に大きな損害を与えそうになったことがあります。

先にも触れたように、私の会社では漁網用の原料の製造販売を行っていますが、あるとき誤って、先方から指定された強度に満たない原料を出荷してしまいました。しかもミスに気づいたのは、先方がその原料で製品を作ったあとでした。

私はすぐさま現場に飛び、原料の代替品を納めると同時に、出来上がった製品を時価で買いあげました。

もちろん、こちらは大損です。でも、あってはならないミスをしたわけですから、損を被って当然です。こういうときばかりは、自分より相手の得を優先し、相手に損をさせないよう、十分配慮をしなくてはいけません。

悪いことをしたら頭を下げて謝る。できるだけのことをする。いくら利益が大事でも、こういうときは「道徳」を重視しなければならないのです。

じつは、この「大損」には続きがあります。

こちらのミスで迷惑をかけたわけですから、私は「社長さんはすごく腹を立てているに違いない」と思っていました。何を言われても、怒声を浴びせられても、平身低頭を貫くつもりでいました。

ところが、先方の社長は意外にも、腹を立てるどころか、こんなことを言ってきたのです。

「たいがいの担当者は、こういう場合、『大した違いはないから大丈夫』とかなんとか言ってごまかそうとするんだ。言い訳ばかりして、損害も認めないし、『すみません』

のひと言もない。でも、佐々木さんはすぐにミスを認めて、謝って、うちに損害が出ないよう取りはからってくれた。ここまでしてくれる会社はいままでになかった。だから今後はお宅との取引を増やしたい」

取引をやめたいと言われるのも覚悟していたのに、なんと逆に、他社に発注していた原料の一部をこちらに回すとまで言ってくれたのです。

おかげで、会社の利益があがりました。相手に損をさせまいと考えた行動が、結果として自分たちの得をもたらすことになったわけです。

わかりますね？　だからあなたも「自分さえ得をすれば」なんて考えちゃダメ。自分はもちろん、相手の得も考えてこそ、仕事はうまくいくものなんですよ。

「自分も相手も得をする」が利益を最大化する一番の道

ミスをしたら謝る、自分の得より相手の得を考える

道徳心が「得」や「利益」をもたらすこともある

第2章

仕事の人間関係で迷いが出たら

上司が私の意見に
耳を傾けてくれない

上司をリスペクトしていますか？

上司とあまりうまくいっていないみたいですね。

人間は相性がありますから、多少の好き嫌いは仕方ありません。思い通りにコミュニケーションができないことも、時にはあって当然だと思います。

でも、上司とはできるだけ仲良くなったほうがいい。何とかうまくやっていけるよう、最大限努力したほうがいいですね。

何しろ仕事がうまくいくかどうかは、上司との関係にかかっていると言っても過言ではありません。険悪な関係にならないうちに、軌道修正しておきましょう。

まず、上司に「こうなってほしい」と思う前に、上司があなたにどうしてもらいたいのか、何を一番に求めているか、考えてみてください。

いったい何を求めていると思いますか？　仕事をそつなくこなすこと？　なんでも「ハイハイ」言うことを聞くこと？

じつは、上司が部下に一番に求めるのは「自分を慕《した》うこと」。自分を上司としてリスペクトし、認めてほしいと思っているのです。

「それができれば苦労しない」「慕うなんてとてもできない」ですか？

いいえ、何も心から慕えとは言いません。本音はともかく、まずは行動によって「あなたのことをリスペクトしていますよ」と伝える。そのために何をすればいいか、そこを考えてみるのです。

じつを言うと、私にもすごく苦手な上司がいました。

私はどちらかというとあまり細かいことは気にしない性格ですが、その上司はとても繊細でした。自分が知らないことにものすごく神経を尖らせ、他人に対して嫉妬心の強い人でした。

ですから、最初はその上司とけっこうぶつかりました。ネチネチ文句を言われ、ちょっと反発してしまったこともありました。

でも、ネチネチしていようと嫉妬深かろうと、私の上司です。彼に嫌われれば、いい仕事はできません。私は反省し、相手が一番喜ぶのは何か、どうすれば相手が「リスペクトされている」と感じられるか、頭を捻って考えました。

結果考えついたのが、上司に「定期的なおうかがいを立てる」ということです。

まず相手のスケジュールを確認し、余裕のある日時を選んでアポイントを取り、「私はこういうことをやろうと思っていますが、どうでしょう？　○○さんの意見をお聞かせください」と相談します。

このとき、口頭で伝えるだけでなく、報告や相談の内容を箇条書きにしたものを、

A4用紙1枚に書いて渡します。短時間でサッと伝わるよう、わかりやすい形にまとめておいたのです。

これを繰り返すと、上司は次第に私にネチネチ文句を言わなくなりました。最初のうちは「相談ってなんだよ、面倒くさいなあ」などと言っていましたが、「こいつはなんでも自分に報告してくる。何を考えているのかも伝えてくる」とわかると、私に対するわだかまりが薄れ、やがて信頼してくれるようになりました。「定期的なおうかがい」という行動が、相手にリスペクトとして伝わったことによって、上司との関係が改善されたわけです。

このように、**こちらの出方次第で相手は変わります**。自分の行動をちょっと変えるだけで、自分の言うことに耳を貸すようにもなってくれます。「上司が言うことを聞いてくれない」とため息をついている間に、うまく相手を動かすことを考えるほうが、よほど建設的だと思いませんか？

と言っても、相手を無理やり好きになる必要はありませんよ。私だって、その上司を好きになったわけじゃありません。言ってみれば表面的に、仕事の義務としてやってただけ。だからその上司が異動でいなくなったときは、心底「ああ、よかった」と思いましたよ(笑)。

でも、その上司はなんと自分の異動先に私を呼び寄せました。そこからまた別の部署に移ったときも、再び私を指名してきました。

「気に入ってくれたのはいいけど、ここまでご一緒させられるのは、正直ツライなあ」

それが私の本音でしたが、その後、彼は副社長になり、結果的に私の出世をサポートしてくれることになりました。

ソリが合わないと思っていた上司が自分を助けてくれることになるなんて、世の中本当にわからないものですよね。

前にも言いましたが、仕事は「相手の立場に立つ」ことが重要です。

この仕事を成功させたい、成果を出したいと思うなら、時には自分より相手の利益を優先的に考えることも必要です。

相手がどんな人でも、たとえ自分と合わない人でも、相手の立場に立って「この人は何を求めているのだろうか」と思い巡らせてみるのです。

世界的ベストセラー『7つの習慣』(キングベアー出版)の中で、著者のスティーブン・コヴィーは、成功をもたらす第5の習慣として「自分を理解してもらう前に、相手を理解するよう努力する習慣が必要」と言っています。

言い換えるなら、**仕事は「自利利他円満」**。相手にとってのいいことは、結局自分にとってのいいことにつながってくるものなのです。

それともうひとつ、**苦手な上司とうまくやるには、相手を「敵」と見なさない**。「自分を困らせる敵」ではなく「ともに働く仲間」という目で見てみるのも大事です。

「嫌いなタイプだけどこの人も身内だし」「苦手な親戚のオジサンくらいに思えばいいか」と考えると、合わない上司がまた違って見えてきませんか?

パワハラをするような上司はもちろん別ですが、そうでないなら、いずれあなたの味方になってくれる可能性も決して低くはないと思いますよ。

上司に「リスペクト」を伝える行動をする

「定期的なおうかがい」をしてみる

自分を理解してもらう前に、まず相手を理解する

苦手な同僚がいて
悩んでいる

異質な人から学べることはありませんか？

「ダイバーシティ」という言葉を聞いたことはありますか？

ダイバーシティは日本語にすると「多様性」。性別、人種、国籍、宗教、価値観などの違いを認め、多様な人々が持つ可能性を、社会や企業経営の中に活かしていこう、という考え方です。

日本の場合、ダイバーシティというと、「女性や障害者の起用を増やす」「退職者の再雇用や短時間勤務を取り入れる」なんていうイメージがあるかもしれませんね。

でも、じつはダイバーシティとはもっと身近なことです。

あなたの隣りにいる、あなたと合わない人、あなたの苦手な人。

そういう人たちを認めて、ともに働き、成果を出す。

これもまた、ダイバーシティのひとつです。

つまり、「苦手な同僚に悩んでいる」ということは、ダイバーシティを受け入れられずに悩んでいる、自分と違う人、自分と異なる価値観を認められずに悩んでいる、ということでもあるわけです。

当然のことながら、職場にはいろいろな人がいますね。

自分とすごく気の合う人、そうでもない人、全然合わない人。

「苦手だ」と言うくらいですから、おそらくあなたは「全然合わない人」に悩んでいるのでしょう。

同僚なのだから、できれば仲良くやりたい。でも性格も合わないし、仕事のやり方も合わない。相手のいいところを見ようにも、どうしてもアラばかり目について好きになれない。

ダイバーシティが大切だと言われても、そう簡単には理解できないし、実行できない。内心、そんなふうに思うかもしれませんね。

でも、そこはもうそのまま受け入れるしかありません。

自分の苦手意識を変えようと努力するのも、相手のいいところを見るのももちろん大事ですが、合う合わないは生まれつきのもの。生まれ持った本質を変えることは残念ながらできません。

そもそも相手は、自分とは全然違う環境で生まれ育った人、まったく別の世界で生きてきた人。そういう人と相容れないのは当たり前のこと、仕方のないこと。その事実を許容し、そこを前提に人を見る。

苦手な人に対しては、まずそんな気持ちを持ってみてはどうでしょうか。

「相手を許容しなさい」と言われても、いまひとつピンときませんか？

それなら、もうちょっと噛み砕いて、こう考えてはどうでしょう？

「人間だから、しょうがない。許してあげよう」

上から目線で偉そうにしていい、という意味じゃありませんよ。

人間誰しもクセがある。過ちも犯す。それも人間なのだから、まあ仕方ない。

そんな広い心、相手を受け入れる度量を持ってみようと言いたいのです。

そもそも、「誰それが苦手だ、嫌いだ、受け入れられない、許せない」と思っているということは、心が狭くなっているということですよね。自分以外の人を理解できない、つまり想像力や思考力があまり働いていないとも言えますね。

自分と似たような人しか理解できないとしたら、それは損です。想像力や思考力が十分働いていないままでは、仕事の可能性も狭くなります。そういう状態は、あなたにとって決していいこととは言えません。

要するに、**「苦手」を克服する、自分自身の心の面積を広げることは、ほかでもない、あなた自身のためなのです。**

仕事では、よく「ものの見方、考え方を広げるのが大事」と言われますね。

それは言い換えるなら、心の翼を広げ、一段高いところに舞いあがり、物事の全体を俯瞰して見てみる、ということ。

ひとつの場所に頑《かたく》なに止まらず、もっと高い、広々とした視野に立ち、人や組織を見渡してみる。それができるようになれば、仕事も人間関係も、とても楽になるのではないかと思います。

最後にもう1点、「苦手」を克服するためにやってみてほしいことがあります。

その苦手な同僚を、リスペクトしてみてほしいのです。

「そもそも合わなくて、相手のいいところも見つけられなくて悩んでいるのに、リスペクトするなんてもっと無理！」と思いますか？

確かに、その気持ちはもっともです。合わない人をリスペクトするというのは、かなりハードルの高い作業かもしれません。

でも、リスペクトできないという気持ちの裏側には、「相手は自分よりも劣っている」「自分のほうが上だ」という意識が隠れている場合があります。自分でも気づかないうちに、相手と自分を上下で判断しているのです。

心理学者のアルフレッド・アドラーによれば、上下関係、つまり「タテ」の関係で人を見ているうちは、対人関係はうまくいかないと言います。「タテ」ではなく「ヨコ」、つまり相手を対等に見ることが、良好な人間関係には不可欠とも言っています。

あなたが相手とうまくいかないのは、もしかしたら「タテ」の関係から抜け出せないせいではないですか？　「相手をリスペクトできない＝相手を対等に見ていない」ということではありませんか？

そこを今一度振り返り、「タテ」から「ヨコ」へ、上下から対等へ、相手との関係性を捉え直してみてほしいのです。

人と良好な関係を築けるようになるために、年齢や経験に関係なく、すべての人をリスペクトする気持ちを持つようにする。リスペクトする習慣が身につけば、苦手な人もおのずと少なくなるはずですよ。

ダイバーシティ（＝苦手な人や合わない人を認めること）を取り入れる

人を許容する、物事を俯瞰的な視点で見る

周囲のすべての人をリスペクトする習慣をつける

リーダーを任されたけれど、
何をすべきかわからない……

自分が会社で何をしたいか、考えたことがありますか？

何をすべきかわからない場合は、どうしたらいいか？

前にも言いましたね、そう、人に聞いたらいいんですよ。

もちろん、最初は自分で考えます。

自分にはどんな能力があるのか、何が得意で何が不得手なのか、自分のこれまでの働き方を振り返ってリーダーとして何ができるか、どんな力を発揮できるかを考えてみる。自分自身の棚卸し、といったところでしょうか。

で、それでもよくわからなかったら、誰かに聞く。友人や知人、すでにリーダーを務めている仲のいい先輩、あるいは同僚。そういう人に「自分はリーダーとして、どうやったらいいですか？」と聞いてみるのです。

他人というのは思いのほかよく見てくれているもので、けっこう的を射たことを言ってくれます。当人以上に当人を理解してくれている場合も少なくありません。

もちろん、家族や親戚に聞いたっていいですよ。優れたリーダーは、会社だけにいるとは限らない。「この人は」と思う人がいたら、どんどん聞けばいいのです。

ただし、「本当はリーダーなんてやりたくない」とか「できる気がしない」とか、中途半端な、投げやりな気持ちで尋ねてはいけませんよ。そんな感じで聞いても、誰も真面目には答えてくれません。

大事なのは「自分はリーダーになるんだ」という自覚と、そのために真剣に聞きたいという前向きな姿勢。そういう自覚や姿勢があれば、きっと誰もが真剣に、応援する気持ちで、貴重なアドバイスをくれるはずです。

ん？「みんなを引っ張っていくカリスマ性が必要じゃないか」って？

いいえ、そういうものは必ずしも必要ありません。リーダーは口が達者じゃないと務まらないとか、頭の回転が早くなくちゃいけないとか、そういうこともありません。口下手でものんびりしていても、案外リーダーは務まります。リーダーというのは、いろいろなタイプの人がいるものなんです。

実際に、自分は研究肌だからとリーダーの実務は別の人に任せたり、代理を先頭に立たせて自分は調整役に回る、なんていうリーダーもいます。リーダーはあくまで組織の旗振りに徹して、優秀なナンバーツーが実務を回している、という会社もありますしね。

もちろん、最終判断はリーダーがするわけですが、なんでもかんでもリーダーが決めて、実務をビシッと回して……なんていうケースはそうそうありません。

みんながみんなスーパーリーダーではないのですから、組織に応じてうまく役割分担をすればいい。そのときの状況によって、適材適所で人材を組み合わせたらいいわけです。

どうですか？　リーダーがどういうものか、なんとなくわかりましたか？　リーダーになったら何をしたらいいか、ちょっとイメージが湧いてきたのではないでしょうか。

理想を言えば、本当はリーダーになる前に、リーダーになったらやりたいことを考えておくのが一番です。

最初にも話しましたように、若いころの私は仕事もろくにできない、上司に叱られてばかりのチャランポランな社員でした。

でも、仕事を覚えるうちに面白さに目覚め、やがて「自分だったらこうするのに」という自分なりのやり方や、仕事の方針も考えるようになりました。そして30代半ばには、当時の上司のやり方に異を唱え、ぶつかるようにまでなりました。

何しろ当時の上司のやり方ときたら、本当にムダが多いのです。ムダな指示、ムダな会議、ムダな休日出勤。「これをなくせばもっと効率があがるのに」と強く思いましたが、組織で働く以上、上司の指示に従わないわけにはいきません。

私は物申したい気持ちをグッと堪《こら》え、自分がリーダーになったらやりたいこと、やらないことを考え、ノートに書いていきました。半ば怒りを込めて（笑）、「リーダーになったらこれをやめる！　これをやる！」と具体的な内容を書き留めたのです。

そして晴れてリーダーになったとき、私はノートにしたためてきた内容を実行に移しました。当たり前だったムダな長時間労働をやめ、自分も部下も定時に帰宅するという体制を作りあげることができました。

「リーダーになる前に準備」なんて言うと大袈裟に聞こえますが、要は「こうしたい」と思うことを、自分なりにまとめてみればいいだけの話。それを少しずつバージョンアップして、いざリーダーになったときの参考にすればいいんですよ。

最近はリーダーをやりたがらない、できなさそうだからやりたくない。そういう人が増えていると聞きます。特に女性は、昇進試験を受けたがらないのだそうですね。

なぜかと言えば、責任が重いから。おまけに残業も増えるから。責任を押しつけられるうえに、長く働くことを強いられる。「そんな大変な仕事、とてもできない」というわけです。

これは、男性リーダーの愚かな働き方が招いた弊害です。彼らのリーダーとしての働き方があまりにも過酷なために、その姿を見て「リーダーとはこんなにも大変なのか」と認識してしまった。女性が怯《ひる》むのも、仕方のないことかもしれません。

でも、**本来リーダーになったら、仕事はラクになるんですよ。**だって、リーダーになったら権限が与えられます。自分で働き方を決められます。残業をなくしてプライベートな時間を確保することもできます。

給料もあがって時間もできて、こんないいこと、ないじゃないですか。

いまの上司の姿を見て、「大変そう」「こんな働き方はイヤだ」と思うのかもしれませんが、それはそもそもおかしな働き方をしているせい。確かにリーダーには責任もありますが、「やりたいことができる」というのはすごく楽しいものですよ。

周りの人に「リーダーとして何ができるか」相談してみる
背伸びせず、周囲の力を借りて、自分らしいリーダーになればいい
「リーダーになったらやりたいこと」を考えておく

相手の話を正面から聞いたことがありますか？

部下が言うことを聞いてくれない……その理由はいったいなんでしょうね？

指示されたことが理解できていないのでしょうか？

それとも、あなたに反発して言うことを聞かないのでしょうか？

あるいは、何かのっぴきならない事情があるのでしょうか？

指示したことを理解できていないとしたら、あなたの指示の出し方に何か問題があるのかもしれません。まず、そこをよく確認してみましょう。

たとえば、何か指示を出すとき、具体的に伝えていますか？「AとBを何月何日までにやって」とか、「これこれを参考にして〇ページ内でまとめて」とか。

ここを曖昧にしてしまうと、自分流で適当にまとめてしまったり、締め切りを守らずいつまでたっても与えた仕事を出さなかったり、という不手際が生じます。これを放置しておけば、「何度言ってもちゃんとやらない」となってしまいます。

「そんなの自分で考えて」「わからないことがあるなら聞いてよ」と思うかもしれませんが、そもそもこちらの指示が曖昧だったら、部下が失敗するのも当然と言えば当然です。上司によっては、「これとこれ、〇日ごろまでにやっておいて」と適当な指示を出す人もいますが、こういう伝え方ではいい仕事はあがってきません。

こちらの狙い通りに、締め切りを守ってやらせるには、「これくらいわかるよね？」

といった阿吽《あうん》の呼吸を求めるのではなく、「上司は仕事の発注者、部下は受注者」くらいの感覚で、きっちり具体的に指示を出すことが重要なのです。

また、こちらがいくらていねいに指示をしても、部下のほうはなかなか覚えてくれない、すぐに忘れてしまう、ということもあります。

そういう場合は、紙に書かせるなり机に貼らせるなりして、何度も見てチェックできるよう促してあげる。徹底的に覚えさせるには、ともかく反復連打が不可欠です。

私は課長になってすぐ、仕事の心得を部下に叩き込むために、部下たちに「仕事の進め方10カ条」を手渡し、ことあるごとに口頭でも伝えるようにしました。

「課長の仕事の10カ条、また始まった～」とからかわれたりもしましたが、そのおかげでみんなよく理解し、これを守って仕事をするようになりました。残業をなくしてみんなが定時に帰れるようになったのも、しつこいくらいの反復連打で、徹底的に伝えたからと言っても過言ではありません。

さて、部下が言うことを聞かないのはあなたに反発しているから……だとしたら、それは言うまでもなく**コミュニケーション不足ですね**。何が不満なのか、相手の言い分を聞くために、さっそく面談の時間を設けましょう。

ただし、このときくれぐれも「お説教」モードにならないよう注意してください。「反抗的な部下が変わるよう指導する」ような態度も避けること。部下が心を開き、本音を打ち明けやすいよう誘導することが大事です。

そのためには、**「話すが2割、聞くが8割」**くらいで対応しましょう。こちらが意見を言うのはできるだけ控え、とにかく相手にしゃべらせる。**「対話とは聞くこと」と心得ておきましょう。**

私も課長になったとき、まず部下と面談をしました。ひとりにつきだいたい2時間、春と秋、年に2度行っていました。

まず、「いま担当している仕事について、不安はないか、わからなくて困っていることはないか」などを具体的に聞き、それ以外に「今後この部署がどうなっていくといいか」「会社がどうなっていくのが理想的か」など、担当の職責以外のことにも触れ、できるだけ幅広く、当人の考えていることを聞くようにしました。

そうやってじっくりと部下の話に耳を傾けると、相手はおのずと本音を口にします。不満に感じていることや納得のいかないことも話すようになります。

そして、不満なことにはできる範囲で対策や対案を示し、誤解しているところは誠心誠意説明し、明らかに部下に非がある部分はたしなめる。

このように話を進めれば、理解が深まり、その後のコミュニケーションもスムーズになるのではないでしょうか。

ところで、面談するときは話を聞く部下の順番も重要です。面談となると、みなたいていナンバー2から始めますが、そうではなく一番若い人からやるのです。

若い人は無防備であまり打算がないため、その部署のことについて忌憚《きたん》なく、いろいろ話してくれます。「あの人は人気がある」「この人は気むずかしい」などの人物評も聞かせてくれますし、「前の課長はここが不満だった」などといった問題点を指摘してくれることもあります。

こうして若い人の話を先に聞いておくと、ベテランたちはおのずと慎重になります。計算して誰かの悪口を吹き込む、なんてこともしにくくなります。

もちろん、話のすべてを鵜呑みにはしませんが、こうやってみんなの話を聞いておけば、その職場やメンバーのだいたいの現実がつかみやすくなりますよね。

最後に、部下が何かのっぴきならない事情を抱えているとしたら……。そこを解決するには、仕事だけでなく、プライベートに関わる必要も出てくるかもしれません。

しかし、昨今はプライベートに触れるのはご法度という雰囲気がありますね。家族や夫婦、結婚、恋愛などの話題に下手に触れると、セクハラだ、プライバシーの侵害だと騒ぎになってしまうこともある。だから、部下のプライベートにはいっさいタッチしないという人も多いと思います。

でも、プライベートの悩みが原因で心の病になり、命の危険に至るケースもないわけではありません。そもそも同じ職場で働いているのに、プライベートは知らぬ存ぜぬでは、あまりに寂しいとは思いませんか？

差し障《さわ》りのない範囲で、個人的なことにも触れ、「心配しているよ」というメッセージを出しておく。部下に対してはそんな配慮も大切です。

「上司は発注者、部下は受注者」のつもりでわかりやすい指示を出す

「話すが2割、聞くが8割」で相手と対話する

定期的な面談でコミュニケーション不全を防ぐ

できない部下に教えるより
自分でやったほうが早い

「1年後の成長」を意識していますか?

最近は、部下のマネジメントもこなしながら、自分自身も業務を担当する、いわゆる「プレイイングマネージャー」的なリーダーが増えていますね。

時間も限られている中、部下に教えている間に自分でやらざるを得ない。

人手不足の中、プレイイングマネージャーにならざるを得ない。

山と積まれた仕事を前にすれば、「部下だけに任せられない」「自分でやるしかない」となるのも無理はないかもしれません。

でも、そうした事情を理解したうえであえて言いますが、**リーダーは基本的に、プレイイングマネージャーになるべきではありません。**覚えがよかろうと悪かろうと、部下に業務を教え、仕事をさせることを優先すべきです。

なぜかというと、そもそも業務をこなすのはリーダーの仕事ではないから。リーダーはリーダーの仕事に専念すべきだからです。

じゃあ、リーダーの仕事とはいったい何か？

それは部下を成長させ、組織を成長させるということです。

前に「リーダーはいろいろなタイプがいていい」という話をしましたね。地味でもいいし、調整役でもいい。しかしタイプはどうあれ、このリーダーの役目は間違いなく果たさなくてはなりません。

もちろん、組織を動かす、大きなプロジェクトを引っ張っていくといったことも
リーダーの仕事ですが、それ以上に大事なのは、部下の面倒を見て、部下の成長のために時間を取るということ。

要するに、スタッフのエンゲージメントを高め、個人も組織もともに成長させる、それがリーダーが果たすべき本来の役割なのです。

そこを「自分がやったほうが早いから」と自ら手を出してしまったら、部下の成長の機会を奪ってしまっていることになります。言い換えれば、リーダーの職責を全うしていないということになってしまいます。

飲み込みの遅い部下に仕事を教え込むのは、大変なことです。手間暇がかかりますし、根気もいります。

でも、そこに注力することこそがリーダーの仕事。

「今日の成果」より「1年後、3年後の成長」を意識して部下を育てる。

そのことを、今一度考え直してみてください。

とは言うものの、世の多くの人は「リーダーは率先して業務をやるもの」「リーダーの仕事は、いまやっている業務の延長線上にある」と考えています。

リーダーになるというのは、これまでの業務を卒業し、まったく異なる世界の仕事に向き合うことなのですが、そのことをみんなあまり理解していないように見えます。「エンゲージメントを高める」と言われても、実際に何をすればいいのかわからないという人も多いかもしれません。

そこで参考までに、私が課長になったときに考えた、課長に求められる仕事をあげてみます。

- 自分の部署の経営方針を定め、きちんと遂行されているかチェックする
- 部下の状況を把握し、指導する
- 自分の部署の状況を上に報告し、経営の理念や目標をスタッフ全員に伝える
- 仕事の目標達成のため、社内外の関係者と連携をはかる

どうでしょう？　課長の例なのでやや堅苦しく感じるかもしれませんが、組織の規模や役職は変われど、リーダーがすべき内容に変わりはありません。

「経営方針だなんて、自分は少人数の、小さな部署のリーダーだし」なんて思わず、これを土台に自分流に落とし込んで、あなたなりの「リーダーの仕事リスト」を作っ

てみてください。

ところで、「部下の成長を促す」ということは、時間をかけて何かを教え込むばかりとは限りません。場合によっては、思い切って「自分の手から離す」ことも必要です。

私がある部署の部長に赴任したときのことです。

とある課に、非常に優秀な課長代理がいました。「この人がいなければ仕事が回らない」「この人はこの課から絶対に外せない」と言われるほどの人でした。

確かに、私から見ても彼は仕事ができました。少々自信家で、周囲や上司の意見をあまり聞かないところもありましたが、専門知識は豊富だし、仕事の仕切りも抜群です。これ以上、言うことはありません。

そこで、私は彼に、「行きたい部署はないか?」と尋ねました。長く在籍したいまの課を出て、別の仕事を経験したほうが彼のためになると思ったからです。

すると彼は、「別にありません、どこでもいいです」と言います。「どこでもいいって、海外でもいいの?」と念を押すと、「海外でもいいです」と。そこで私は、思い切って彼を海外に異動させることにしました。

彼は本当に海外勤務を言い渡されるとは思わなかったようで、「まさか本当に海外に出されるなんて……僕がこの課からいなくなっても大丈夫ですか？」と言ってきました。が、私はこう言って彼の背中を押しました。

「誰かが代わりを務めるから心配ないよ。確かに君は優秀で、ここにいてくれれば課にとってはプラスだけど、君にとってはマイナスだ。若いうちに海外勤務を経験して、グローバルに活躍できる力を身につけたらいいいよ」

私のこの判断に「なぜ、あんな優秀な人材をよそに出したんだ」と首を捻る管理職もいましたが、それはリーダーにあるまじき発想です。当人の成長より、自分たちの便利に使いたいという思惑が見え隠れしているように感じられてなりません。

自分の都合も大事でしょうが、リーダーはやはり、部下を育て組織を成長させるのが仕事だということを、忘れないようにしたいものです。

プレイングマネージャーにならないよう気をつける
リーダーの仕事は「部下の育成」と心得る
何が部下の成長になるかを、長期的に考えてみる

どうフォローしても
悪影響を及ぼす部下がいる

時には「外す」という決断ができますか?

いくら手をかけても、部下が期待通りに育ってくれない。どうフォローしても、周りに迷惑ばかりかけて、悪影響さえ及ぼしかねない。

そういう人がいると、本当に困りますね。

なんとかしてやりたいと手を尽くしてきたあなたの苦労、よくわかります。ほめたり叱ったり、あなたはリーダーとして、できる限りのことをしてきた。そのことは、きっと周りの人もよくわかっていると思います。

でも、これ以上もうフォローのしようがない場合は、「切って捨てる」という判断をせざるを得ないこともありますよ。

どうにも成長が見込めないと判断したら、部下を別の部署に異動させるなり、そこから外す決断を下す。それもまた、リーダーの重要な職責のひとつなのです。

ですから、もうこれ以上なんともしようがないのであれば、上の人に相談し、指示を仰ぎましょう。ほかの部下に悪影響が出ないうちに、全体のパフォーマンスが落ちないうちに、しかるべき手続きを取りましょう。

「決して悪い人じゃない、外すには忍びない」と、うしろ髪を引かれる思いもあるかもしれませんが、そこは冷静に判断すべし。あなたの温情が、かえって当人の成長を妨げてしまうこともあるのですから。

私も温情を捨て、部下を外した経験があります。

前項で、課長代理を海外へ異動させた話をしましたけれど、彼の場合は能力が高いゆえの異動でしたから、「外す」という感じではありません。外すのではなく、あくまで成長を考えたうえでの異動だったのですが、今回の部下はちょっと違います。

その部下は、仕事はそこそこできましたが、チームの一員としての思慮が欠けていました。どこか人を見下しているようなところがあり、社内の仲間だけでなく、取引先のお客様に対しても、失礼な対応をすることがありました。

いくら指導しても成長しない、悪いところをあらためない。むしろこのままいたら全体にとってよくない。そう思わざるを得ない状況でした。

私は彼の問題点を指摘し、なんとか私のもとで成長できるよう指導しましたが、なかなか思うようになりません。反復連打で注意を繰り返しましたが、表面的に聞くだけで、反省したり行動を変えたりしようとするそぶりはまるでなし。どうしたものかと、頭を悩ます日々が続きました。

そんなとき、広報部から人を回してほしいと打診がありました。私はそれをきっかけに、その部下を外す決断をしました。もうこれ以上ここにいても、彼は成長できない。そう判断し、彼を広報部に移したのです。

広報部というのは会社を外に向けてピーアールする部署ですから、それほどお客様の対応に気を揉む必要はありません。もちろん、人を見下すような態度は許されませんが、営業部ほどチームワークも求められません。

幸い彼は異動先の広報部で楽しく働いていたようで、外した決断は結果的に成功でしたが、彼がいなくなった部署内ではしばらくの間、「○○（彼の名前）さん、異動になっちゃったね」「佐々木さん、普段は優しいけど、案外おっかないんだね」などと話題になったようです。

誤解のないように言いますが、私はどんな部下であろうと誠意を持って面倒を見ますし、部下を外すなんてことも滅多にしません。

でも、**「これだけはダメだ」ということをやれば、厳しくやります**。何をやらかしても優しく許す、なんてことは決してしません。

そんなことをしたら、部下はリーダーを甘く見ます。仕事を舐めてかかるようになってしまいます。

そうならないようにするには、親身に接しつつ、時には毅然と厳しい態度を示し、怖い部分も見せなければならないのです。

中には外す決断をせず、できない人をできないまま放っておくリーダーもいます。できない部下を引っ張りあげるのは骨が折れる。さりとて外すのも面倒だ。そう考えて、できない部下を放置し、代わりにできる部下をフルに使って、成果をあげようと考えるのです。

でも、これは間違っています。**いくら優秀な人をフルに使っても、チームの底あげができない限り、大きな成果は出せません。**最初のうちはいいかもしれませんが、そのうちに息切れして、失速してしまいます。

仕事を首尾よく進めようとすると、どうしてもできる人を中心に回そうとしてしまいますが、そうではなく、むしろ**仕事の遅い人や要領の悪い人をどう使うかに重点を置く、そこにエネルギーを注ぐことが重要です。**

仕事ができない人というのは、案外ちょっと手をかけてあげるだけで、スッと能力が伸びたりします。面倒を見てもらえないせいで、力が思うように発揮できないという人も少なくありません。

優秀な人をさらに指導するより、そういう人たちを引っ張りあげるほうが、チームはぐんと底あげされます。仕事ができない人たちというのは、思う以上に引きあげる幅が大きいわけです。

会社組織というのは、いわば戦闘集団です。

ひとりでも多く戦列に参加させることで、組織を強くし、戦果をあげる。

ひとりひとりの能力を伸ばし、適材適所に配置することで、効率よく利益をあげる。

会社によってカラーは違えど、この目的に向かってみな働いていると言っても過言ではありません。

戦いに勝つために、誰の能力もムダにしない。「外す決断」は、本来「外さず戦力にする」というのが理想です。

万策尽きてから「外す」決断をする
普段は優しく穏やかに、しかし時には「怖さ」を見せる
「外す」↓「外さず戦力にする」方法を考える

第3章

家族との関係で悩んだら

仕事と家庭、どちらを優先すべきか迷う

どちらかではなく、両方できないか考えてみませんか？

仕事を辞めて、家事や育児に専念したい。そう思っているのですか？

理由は、なんでしょう？

パートナーがあまり家事や育児をしなくて、あなたに負担がかかっているから？

それとも、保育料などの出費を考えたら、仕事を辞めて家事や子育てに専念したほうがお金がかからないから？

あるいは、「相手が十分稼いできてくれるから自分は働く必要がない」「子どもが大きくなったら、また働けばいい」。そう思っているからですか？

もしも、「家事や育児に専念したほうが経済的にラク」「パートナーの収入が十分だから辞めても大丈夫」と思っているのだとしたら、ちょっと待って。今一度、よく考えてみましょう。

たしかに、子どもが小さいうちは保育料もばかになりません。出費はかさむわ、仕事と子育てで体力も使うわで、「こんなことなら仕事を辞めたほうが……」と考えてしまうのも無理はないかもしれません。

でも、それはあくまで子どもが小さいうちの話です。小学校にあがれば保育料はかからなくなりますから、お金の負担も少なくなりますね？

短期的には辞めたほうが適切に思えても、長期的に見たら大きな損失になることもあります。目の前の収入だけに囚われず、将来的な報酬も考えることが重要です。

たとえば、ニッセイ基礎研究所によれば、女性が正社員として産休や育休を取り、時短勤務などを使ってフルタイムに復帰すると、生涯年収は2億円以上。一方、出産後退社し、契約社員として働くと９７００万円、パートタイムで働くと約６０００万円（2児を出産し60歳で定年したと仮定）になるそうです。

正社員として働き続けるか辞めてしまうかで、生涯得られる収入にこれほどの差が出てしまうのです。

ちなみに非正規社員の場合は、産休や育休を取って復帰すると約1億１０００万円、退社してパートタイムで働くと４８００万円。正規か非正規かに関わらず、復帰して働き続けることがいかに大事か、よくわかりますよね。

言うまでもないことですが、会社を一度辞めてしまうと、復帰するのは困難です。特に正社員になるのは至難の技と言っても過言ではありません。よほどの事情がない限り、いまの仕事を辞めてしまうのは思いとどまりましょう。

また、パートナーの収入をあてにするのもよくありません。いま収入が安定していたとしても、先行きはどうなるかわかりません。相手が病気になるかもわかりませんし、離婚することだってあるかもしれません。

「うちに限って」と甘く考えるのはとても危険です。そこを真剣に考えて、「稼ぐ能力と手段」を絶対に手放さないよう、自分自身によく言い聞かせてください。

さて、パートナーが家のことや子育てをあまりやらない、あなたばかりに負担がいく場合はどうしたらいいいか。

おそらくこういうケースは、「夫がやらない」ことがほとんどだと思いますが、私は妻が病気だったため家事も育児も率先してやりましたから、仕事だけに明け暮れて家のことはほったらかしという男性の心情が、正直あまりわかりません（笑）。

「男は仕事、女は家」という社会通念の影響が大きいのでしょうが、いまだにここから抜け出られないというのは、ハッキリ言って困ったもの。「家事育児は女のもの、自分はお手伝いすればいい」と思っている世の男性陣には、「家事は『手伝う』ものでなく、『自ら進んでやる』もの」と声を大にして言いたいくらいです。

そもそも家事というのは生きる土台。生活するうえで欠かせないもの。そこを理解せず、「家事より仕事のほうが上」「たかが家事」と思うのは大間違い。私に言わせれば、それこそ「たかが仕事」ですよ。

大事なものには違いありませんが、ムダを省けば長時間労働は必要ありません。家事と比べて何か特別な、崇高なものというわけでもありません。効率よく片づけるという意味で言えば、どちらも同じようなものです。

まあ一般的に男性は家事に不慣れですから、要領が悪い。大したこともできないのに、ちょっと手伝っただけで「自分は家事に協力的」という顔をされれば、「やって当然でしょ！」とイライラする気持ちもよくわかります。

しかし女性陣もそこは心得て、夫の意識が変わるよう、そしてこちらの狙い通りに「家事力」が成長するよう、うまく誘導してやる。前の章で部下を育てるという話をしましたけれど、要はこれと一緒ですよ。

「自分がやったほうが早い」と手を出してしまわず、適切なアドバイスを与えつつ、ほめて伸ばす。相手を夫ではなく部下だと考えたらいいのです。

前に、「上司を敵とみなさない、ともに働く仲間だと思って」と言いましたね。

夫についても同じです。相手は敵ではなく味方。ともに生きる同志。そう考えて、時には甘える、頼ってみる。仕事と家事の両立で悩んでいるなら、「自分は仕事にもエネルギーを注ぎたい、だからこうしてほしい」と、胸の内を素直に伝えてみてはどうでしょう。

自分の思いも伝えずに、「あれをしてくれない、これもしてくれない」と不満を並べるだけでは、ケンカやすれ違いが起きても当然です。「どうせわかってくれない」とあきらめず、「相手を信頼する勇気」を持つのも大事だと思いますよ。

女性は、社会で仕事をするということに関して、長らくアゲインストな時代が続きました。そのせいで、一歩前に出ることをためらったり、チャンスが来ても「家事も育児もあるし……」と積極的につかみ切れないところもあるかもしれません。

でも、これからは女性が活躍する時代です。ためらいを乗り越えて、仕事も家事も両方取る。あなたがそんな気概を持つことを、私は密かに期待していますよ。

目先のお金より生涯年収。仕事は辞めずに続けるべし

夫は「部下」、家事力を身につけさせるのは自分のミッション

不満ではなく、仕事に対する熱意を伝えよう

最近、パートナーと
うまくいかないことが多い

相手の尊敬しているところを、いくつあげられますか？

夫婦は長く一緒にいると、いろいろなことがありますね。ボタンのかけ違えが起きて、うまくコミュニケーションできなくなったり、お互いにそっぽを向いてしまったり。

そんな状態がこじれると、「この人とはもうダメかもしれない」「別れてやり直したほうがいいかもしれない」などと思う日もあるかもしれません。

そういうときは、**まず相手よりも、自分の心を見つめ直してみるといいですよ。**

過去に遡《さかのぼ》って、自分はなぜこの人と一緒になったのか、この人のどこがいいと思ったのか。これまでの時間を振り返り、あなたがパートナーと一緒になった経緯を思い出してみるのです。

たぶん、「一緒になろう」「人生をともに生きよう」と思ったくらいですから、それなりのいいところがあったわけですよね？「この人がいい」と決めたほどの理由が、必ずありますよね？

まずは、いま現在の不安やモヤモヤを脇に置いて、相手のいいところをあれこれ思い出し、ノートや手帳に思いつく限り書き出してみましょう。

どうですか？　相手のいいところ、いくつあげられましたか？

相手の長所があらためて見えてくると、いまあなたを悩ませている相手の欠点も些細なもの、「アラもまあ仕方がないか」と思えてきませんか？

人間誰しも完璧というわけにはいきません。だから悪いところは大目に見て、いいところを見るようにして暮らす。そういう習慣が身につけば、相手に対するイライラも減って、自然と受け入れられるようになると思いますよ。

かく言う私も、妻とすれ違ってしまったことがあります。妻から「あなたとは合わない、離婚を考えたことがある」と言われたこともあります。

これはいま思えば、忙しいがゆえのコミュニケーション不足でした。私に至らない点があったことは確かですが、一方で、「自分は君の分までがんばってる」「家事も育児もこれほどやっているのに、何が不満だ」と思わなくもありませんでした。

でも、妻には妻の言い分がある、うつ病という病を抱え、家のことや子育てを思うようにできない彼女なりのつらさもあろう、そもそも自分は、そういう妻のひたむきなところが好きで一緒になったはずじゃないか……。そう考え直して、妻と向き合い、妻を理解するよう努めました。

そう、前に話しましたね、「自分を理解してほしいと思う前に、まず相手を理解する」。『7つの習慣』のスティーブン・コヴィーの教えのおかげで、離婚が回避できたわけです。

だからあなたも、まずはコヴィーの教えに従って、相手を理解し、相手のいいところを見つめ直してみましょう。

それと、相手の「リスペクトすべきところ」も探してください。「苦手な同僚とどう向き合えばいいのか」という問いのところでも、同じことを言いましたよね。「またそれですか～」と言われそうですが(笑)、パートナーに対しては、特にこれが大事。ハッキリ言って、愛情より大事ですよ。

だって、愛情はいつか冷めてしまうかもしれないけど、リスペクトはなくならないでしょう？「ムカつく人だけど、ここだけはさすがだよな」というところ、必ずあるでしょう。

たとえば私の場合、妻は病気になってしまう前は、料理、洗濯、掃除、なんでも完璧にこなしていました。新婚当初など、帰宅すると家中がピカピカで、テーブルにはそれは手の込んだ美味しい料理が並んでいました。

私じゃ、とてもこんなことはできない。病気の妻に代わって料理もやりましたけど、子どもたちから言わせると「お父さんの料理はエサ」(笑)。まあそれでも喜んで食べてくれましたけど、到底妻にはかなわない。私にとって、妻の家事の腕前はリスペクトに値するわけです。

いかがでしょう？　こうやってひとつひとつ具体的に考えたら、相手へのリスペクト、けっこうたくさんあげられそうですよね？　ちょっとしたことでも「この人はすごい、かなわない」という部分があるでしょう？


逆に言えば、どれほど考えてもリスペクトすべきところがないとしたら、残念ながら、そもそも結婚は間違っていたと言わざるを得ないかもしれません。

軽々しく言うつもりはありませんよ。ここは真剣に考えるべきところです。もういいところもわからない、リスペクトもできないというのであれば、私は無理に一緒にいる必要はないと思います。

もちろん、よく考えなければなりません。繰り返し考え、相手と真剣に向き合い、互いの思いを打ち明け合う。感情や思い込みをできるだけなくし、どうすれば修復できるかを必死に考える。信頼できる第三者に相談してもいいでしょう。

中には、こうした努力もせず、「嫌なものは嫌」「どうせ歩み寄れっこない」と感情的に離婚したり、相手と向き合いもせず形だけの仮面夫婦を続ける人もいますが、私からすれば、それはやり方が悪い、できることをやっていない。

別々の道を歩むにしろ、最善を尽くす努力をとことんすべきではないでしょうか。

そして最後に、これも繰り返しになりますが、相手と話し合うときは、あらためて「話すが2割、聞くが8割」ですよ。自分の意見を伝えるのももちろん大事ですが、できるだけ相手の言い分に耳を傾けるようにしましょう。

相手に対して要求を伝えたいのに、「聞くが8割」はつらいかもしれませんが、ここは我慢のしどころ。「私が、私が」をちょっと抑えて、相手の考えを聞く。十分話を聞いてあげれば、相手もおのずとあなたの言うことに耳を貸しますよ。

夫婦でもビジネスでも、話し合いを成功に導くカギは一緒なのです。嘘だと思ったら、パートナーとの関係修復に、すぐにでも試してみてください。

相手と一緒になる決め手になった「相手のいいところ」を思い出そう
相手のリスペクトすべきところを書き出してみる
パートナーとの話し合いも「話すが2割、聞くが8割」で

仕事に家庭に、
がんばることに疲れた……

自分の「逃げ道」をちゃんと用意していますか？

よく、がんばりましたね。

仕事に家庭に、あなたは本当によくやってきた。「もう疲れた」と感じたら、仕事は休んで、家事や育児も誰かの手を借りましょう。

いまは家事代行サービスもありますし、子育てに疲れたなら、役所の福祉課や子育て支援課などに相談しましょう。

前にも言いましたように、仕事はできれば退職せず、休職で。まずは上司に状況を伝え、休みを取り、場合によっては病院へ。上司に話しにくいのであれば、総務や人事に直接相談してもいいと思います。

「迷惑をかけてしまう」なんて考えなくて大丈夫ですよ。仕事は誰かが代わりにやってくれます。みんな、あなたがいかにがんばってきたかわかっているはずですから、誰もあなたを責めはしません。

「無責任なことはできない」という責任感も大事ですが、何より優先すべきはあなたの体。言いましたよね？　**仕事は大事だけど、たかが仕事。人の命に勝る仕事なんて、この世にはないんですよ。**

私は何より仕事が大好きです。目標達成に向けて、死ぬ気でがんばるような働き方をしてきたと言っても過言ではありません。だから全力で仕事に臨む人には、「あきらめずに、とことんがんばれ」と言いたいのは山々です。

でも、「もうこれ以上がんばれない」となったら、がんばるのはやめていい。「もう無理」と思ったのなら、逃げていい。限界を感じたときは、パッと切り替えて、仕事に背を向けることも必要です。

家族のことについても一緒ですよ。子どものことが大変なら、いったん自分のもとから離して誰かに預けることを考えていいですし、パートナーが原因で消耗するなら、別れたっていい。

前にも言いましたね。もうどうしようもないと判断したら、別れてもいいと。そりゃ別れないにこしたことはないですが、もうダメだと思うなら仕方ない。人生「これが正解」なんてないんですから。

以前、講演会で仕事や家族のことに触れ、「与えられた運命を引き受けるのが大事」という話をしたとき、私にこんなことを言った女性がいました。

「私の夫は家庭をいっさい顧《かえり》みない。自分勝手で思いやりもない。どれほど訴えても私の話も聞いてくれない、それでも運命と思って引き受けなければならないのですか」

私はその女性に、こう答えました。

「そんなにひどい相手なら、別れたっていいんですよ。運命を引き受けるというのは、状況によって違います。何がなんでも一緒にいるのがいいというわけでありません」

運命を引き受けるというのは、過酷な現状をただひたすら耐え忍ぶ、ということではありません。むろん、ある程度の忍耐は必要ですが、場合によっては、我慢をやめて別の方法に切り替えることだってあり得ます。

仕事にしろ家族にしろ、「逃げ道」は常に頭の片隅に置いておくべきなのです。

このことは、子どもの引きこもりや不登校などについても言えることです。

子どもが学校に行きたがらなかったり、部屋に引きこもったりすると、親御さんはなんとしてでも外に出さなければと考えます。叱ったりなだめたりして、「もっとがんばれ」と子どもを鼓舞しようとする人もいます。

でも、私からすればそれはあまりにも酷。だって、子どもはもう自分なりにがんばったわけですから。がんばってもどうしようもなくて、不登校や引きこもりという「逃げ道」を選んでるわけですから。

そこを理解せず、親が「もっとがんばれ」なんて言ったら、子どもはますます引きこもりますよ、心が壊れてしまっても当然です。

私の長男は、小学生のときいじめに遭いました。長男は障害があって、健常の子とは違うところがある。そのせいでいじめに遭っているのだと思いました。

そこで、私は担任の先生に、「障害が理解できれば、きっといじめはなくなる。長男のことについて、クラスで話をさせてほしい」と相談しました。でも、そんなことは前例がないと受け入れてもらえません。

考えた末、私はクラスの子どもたちに我が家へ来てもらい、直接話をすることにしました。「長男にはこういう障害がある。世の中には長男のようにハンディを負った人がたくさんいる。そういう人たちをサポートするのは君たちの役目なんだ」と、情理を尽くして話しました。

すると、いじめはなくなりました。いじめを傍観していた何人かが止めるようになってくれたおかげです。きちんと誠意を持って話したら、子どもなりに理解し、行動を変えてくれたのです。

こんなことをする親はそうそういないでしょうし、私もためらいがなかったわけではありません。でも、「子どもを守るには、もう学校任せにはできない」「親としてできることは、なんでもしなければ」と考えて、「逃げ道」ではありませんが、別の手段に出ることにしたわけです。

最後に、**くれぐれも睡眠だけはたくさん取るようにしてくださいね。**

私も若いころは、仕事に家事に育児にと無我夢中でした。朝は5時に起きて子どもたちの朝食と弁当を作り、出社して夕方の6時まで目一杯働き、退社して家に着くと、夕飯作りと子どもたちの世話。いま思うと、我ながらよくやったなと思います。

幸い、私の場合は「疲れてもうダメ」となることはありませんでしたが、それは「とにかくたくさん眠る」を徹底したからかもしれません。

できれば1日7時間。まずは十分な睡眠で、心と体を休めてください。

疲れたときは、仕事も家庭も「休み」を取る

「正解」はない、自分なりに「逃げ道」を用意しておく

1日最低7時間、たっぷり睡眠を

家族が問題ばかり起こして
正直面倒くさい

親しいがゆえに、家族を軽んじてはいませんか？

家族の間では、時に仕事以上に厄介な問題が発生します。

パートナーの金遣いが荒い、子どもがちっとも勉強をしない、親や義父母が「ああしろ、こうしろ、これをやってくれ」と何かと要求を突きつけてくる。

よかれと思ってアドバイスしても、全然聞く耳を持たない。厳しく言えば反発したりすねたりする。家族のためにと骨を折っても、感謝どころかますます文句を言われたりする。

こんな状態に置かれたら、「ああ、面倒くさい！」「どうしてこんな思いをしなければならないの！」とストレスになるのもわからなくはありません。

でも、面倒くさいからって、「知らぬ存ぜぬ」はおすすめできません。

もちろん、大したことでもなく、「ハイハイ」「ああ、そうなの」とただ聞いていればいいだけなら放っておいても構いませんが、お金や心の問題など、のちのち大きな問題につながりそうなことは、なるべく早く手を打つに限ります。

「面倒くさいこと」が「困ったこと」に発展してしまったら、家庭が崩壊し、仕事どころじゃなくなる、なんてこともあり得るわけですからね。

じゃあ、解決するにはどうしたらいいか？

まずやってみてもらいたいのは、**「家族を家族として見ない」**。家族も他人、というか、ひとりの人間として見る。「夫（妻）」「子ども」「親」ではなく、「自分と対等なひとりの人間」と思ってみる、ということです。

先ほどお話しした、アドラーの「対人関係はタテではなくヨコで見るのが大事」という話、あれを家族でも実践するのです。

そういう目で見てみると、相手と距離ができ、家族でなく個人として認識し直すことができませんか？　「家族ならこうすべき」というのが、少なからずなくなります。

家族という間柄では、なかなかこういう見方ができません。「家族なんだから」「夫婦なんだから」と思うと、相手を軽く見たり、下に見たりしてしまいます。

でも、そんなマインドで訴えても、言いたいことはなかなか届きません。

相手があなたの言葉を聞き入れ、行動を変えるには、「家族も対等」という前提に立ち、余計な感情を入れず、ある意味、他人のように接する必要があるのです。

まずはそこをよく考え、「困ったコイツの面倒を見てやっている」ではなく、**「この人の問題に自分はどうアプローチしたらいいか」と、一歩距離を置く考え方に切り替えてみるといいでしょう。**

そして**話し合いをするときは、ちゃんと時間を確保して話すようにします。**家事の片手間にちょこちょこ小言を言うのではなく、「本気でなんとかしたいと思っている」

と相談します。家の中でなく、ファミレスやカフェなど、場所を変えて話してもいいと思います。

「え！　それって部下との面談と同じでは？」「仕事でやっていることを、家族にもしないといけないの？」と言われそうですが、何度も言いますよ、家族も部下も基本は同じ。相手の言い分を、まずはじっくり聞くことから始めなくてはなりません。

まあ最初はうるさい顔をされるかもしれません。こちらが対等を心がけても、相手がそうしてくれるとは限りませんから、腹立たしく感じたり、嫌な思いをしてしまうこともあるかもしれません。

でも、あなたが毅然と対等に接していれば、相手には必ず伝わります。「ひとりの人間」として冷静に話せば、そのうちに相手も思っていることを素直に口にし、いずれは問題の突破口が見つかるのではないでしょうか。


ただ、いくら対等に、真心で接しても、残念ながらなかなか問題が解決しないこともあります。

私には障害のある長男のほかに、長女と次男がいます。私は彼らにも対等を心がけ、我が子だからと下に見たりせず、ひとりの人間として接するようにしました。それもあってか、幸い長女や次男とはケンカひとつせずにやってきました。

でも、それでも問題は起こります。

次男が大学を卒業するのに7年かかり、その後、就職もせずにアルバイト生活を続け、せっかく定職についてもまた辞めて、不安定な暮らしに戻ってしまう。そんな心配事が生じたのです。

私は口うるさく言うことを控え、できるだけ彼の思うようにさせました。次男は自分なりに何かを考えているはず、そう信じて余計な世話は焼かず、しかし目に余るときは話をしてわかってもらう、ということを試みました。

しかし、事態はなかなか好転せず、次男は不安定な生活を続け、やがて金銭的支援をしてやらなければならない状況に陥りました。さすがに私も心配で、「そのうちに何か犯罪でもしでかすのではないか」と、ヒヤヒヤするようなこともありました。

しかし、それでも私は文句を言ったり、次男を怒鳴りつけたりするようなことはしませんでした。こうなったのは、忙しすぎた私にも責任がある。いまの次男の状態は、私自身が招いたことかもしれない。自分にそう言い聞かせ、葛藤しつつ、ひたすら彼の成長を待ちました。

その甲斐あってか、次男は立ち直り、やがてビジネスを起こしました。順調に経営を続け、結婚して子どもも生まれました。そして、感謝の手紙とともに私に出費させたお金のリストを作って私に差し出し、そのお金をすべて返すと言ってきてくれたのです。

お金を返してもらいたいと思ったことは一度もありませんが、私は次男の行動に胸を打たれました。親であっても、借りたものは返す。親子である前に、ひとりの人間同士。人と対等に向き合うことを身につけてくれていた次男を、私は心底誇らしく思ったものです。

家族は、長い道のりをともに歩む同志なのです。親しいがゆえに軽んじるのではなく、親しいからこそ重んじる。家族の問題は、そんな気持ちで向き合うべきです。

家族も他人、「ひとりの人間」と考えてみる
真剣な話し合いは、仕事と同じ要領で取り組む
解決しがたい問題もある。焦らずじっくり待つ

昔から親とソリが合わず
気苦労ばかり抱えている

「親なのに……」と期待しすぎていませんか？

仕事であれ家族であれ、対人関係の基本は対等であること。上下ではなくヨコで見ること。すでに何度かそんな話をしましたが、おそらくあなたの親御さんは、そういうことを理解せずに生きてきたのでしょうね。

あなたを子どもだと思って下に見て、「こうしなさい」「ああしなさい」と抑圧したか、あるいはあなたを軽んじて、やることなすことを否定したか。

親と合わない理由は人それぞれでしょうが、大元の原因をたどったら、おそらくそんなところに行き着くのではないでしょうか。

うんざりするあなたの気持ち、わかりますよ。いくつになっても、上から目線で言いたいことばかり言われたら、「顔も見たくない」となるのは当然です。親子の縁を切りたいと本気で考えても、不思議じゃありません。

ただ、親も悪気はないのです。「子は親の言うことを聞いて当たり前」「子には言いたいことを言っていいもの」と思って疑わない。知識がないせいで、親子の何たるかを理解できないでいる。言ってみれば、知らないがゆえに過ちを犯してしまっているわけです。

知らないでミスをしてしまうのは、人間なら仕方ないですね？　知らないがゆえの過ちと思えば、まあ仕方ないという気になりませんか？

長年しんどい思いをさせられてきたあなたにすれば、「ミスだから許せ」と言われても、承服しかねるかもしれません。

しかし、親といえども人間。過ちも犯すし、知らないこともたくさんある。

そこを柔軟に考えて、「親も親である前にひとりの人間」「知らなかったんだから許してあげよう」と、気持ちを切り替えてみてはどうでしょう？

人を許す努力は、あなたを必ず成長させます。何十年にも渡って抱いてきたわだかまりを解消するのは簡単ではないと思いますが、これができれば、今後の親子関係は相当ラクになるはずですよ。

もっとも、親をひとりの人間として見るのは、ハードルが高く簡単なことではありません。もしかすると、我が子をひとりの人間として見るよりもむずかしいかもしれません。何しろ、幼いころから何十年も「親＝自分より上の人間」として生きてきたわけですから、その認識を変えるのはひと苦労ですね。

でも、親を親である前に「ひとりの人間」として見るのは、案外悪くないものですよ。親子の間に距離が生まれるようで、あまりよくないことのように感じるかもしれませんが、そんなことはありません。

実際、私は自分の母親を、母親である前に「ひとりの女性」として見ていましたが、お互い仲良く、楽しくやっていましたよ。母というより親しい女友だちみたいで、なんでもざっくばらんに話せて、むしろ関係が深まったという気がしています。

私の家は父が早くに他界してしまったため、母が女手ひとつで、私を含む４人の男の子を苦労して育てました。だから、私も兄弟たちもみな、母を心から慕い、尊敬していました。

ただどういうわけか、兄弟の中で私ひとりが、「お母さんはお母さんである前に、ひとりの女の人だ」と思っていました。

中学生のころには、「お母さん、いい人がいたら再婚しなよ」「いままで誰かいなかったの？」なんて、ませたことを言って、「あんたって子は、何を聞くの、親に向かって」とちょっとびっくりされたこともありました。

けれど、母はまんざら嫌な気もしなかったようで、それからは私に初恋の話をしたり、昔の恋人に久しぶりに会った話などを、楽しそうに語って聞かせてくれたりするようになりました。まあ母親の恋愛話なんて、たいていの息子は聞きたくないでしょうけどね（笑）。

事実、母の再婚話が出たときは、私以外の兄弟は大反対でした。みな、もう子どもでもないのに、「お母さんがよその男に嫁ぐなんて」という顔をするのです。そこで私は兄弟たちに言いました。

「お母さんはお母さんである前にひとりの女性だ。お母さんには女性として幸せになる権利がある。いくら子どもでも、それを止める権利はないよ」

結局、みな納得してくれ、母は晴れて再婚。お相手はとてもいい人で、兄や弟たちも大満足。母をひとりの女性として見られたからこそ、私たち親子はめでたい結末を迎えることができたわけです。

人は「自分より若い」「経験が浅い」と思うと、どうしても下に見がちです。「若いからわからない」「経験がないから能力が低い」とみなしがちになるのです。

親が子に対して「おまえはわかっていない」「子どものくせに生意気を言うな」などと言うのは、その最たる例と言っていいでしょう。

しかし、若いから理解できない、経験がないから力がないとは決して言えません。**生きてきた年月は短くとも、年長者より年少者のほうが、親より子のほうが優れているということもあります**。組織も家族も、この前提を忘れてはいけません。

あなたの親御さんが、ここを理解できるかはわかりません。

しかし、あなた自身が理解し、実践できれば、親子関係はきっと変わります。少なくとも、親御さんに対する見方はガラッと変わると思いますよ。

だって、「自分は理解できても親は理解できない」「年下の自分が知っているのに、年長者の親は知らない」と思うと、「長く生きてもわからないことがあるんだな」「親も人間だしな、しょうがないか」と思えてくるでしょう？

親子仲良くとなるにはもちろん時間がかかるでしょうが、糸口がつかめればしめたもの。期待通りにいかずイライラしてしまうこともあるでしょうが、反目したまま付き合い続けるよりは、ずっとあなたのためになると思いますよ。

嫌いな親も対等に、「ひとりの人間」として見る
親と仲良くやるには、近づきすぎず、一定の距離を保つ
「親だから」「子だから」という考え方を捨てる

家庭の雰囲気が悪くて
関係改善が望めない

家族に手紙を書いたことがありますか?

どうやら、家族間のコミュニケーションがうまくいっていないようですね。先ほどお伝えしたように、きっかけを作って話し合いができるといいのですが、それもできない、話し合いができるような雰囲気でもないというときは、手紙を書いてみるといいですよ。

私も家族によく手紙を書きました。祈るような気持ちで書いたこともあります。私とともに家庭を支えてきてくれた長女が、自殺未遂をしたときです。

知らせを受けた私は、愕然としました。

家のことで負担をかけすぎてしまっただろうか、父として至らない部分があったろうか。心配と申し訳なさが入り混じった気持ちを抱えつつ、しかしそれをストレートに口にするのもかえって娘に負担をかけてしまうと思った私は、ともかく私がいかに彼女を大切に思っているかを、手紙に書いて伝えることにしました。

「今回のことはお父さんの人生で最も衝撃的な事件でした。あなたの命が助かって、お父さんは本当にうれしい。お父さんはあなたが大好きです。この世の誰よりあなたを愛しています。あなたがあなたらしい人生を生きるために、お父さんは最大限のサポートを惜しみません」

そんな内容を書いて、娘に渡したのです。

幸い自殺未遂は一度きりで、その後、娘は元気になりました。これまで通り、忙しい私や病気の妻を支えてくれました。

本当は私に何か言いたいことがあったのかもしれませんが、私は「なぜ自殺をしようとしたのか？」と、根掘り葉掘り聞くようなことはしませんでした。本人が言おうとしないものを、無理やり聞き出しても何にもならない、そう思ったのです。

それから何年かあとにわかったことですが、娘はこの手紙を手帳に挟んで、常に持ち歩いていました。慌てて書いたため、会社の資料の裏側に走り書きしたような手紙でしたが、彼女はそれを大事に持っていてくれたのです。

自殺未遂をしたとき、娘の中で何が起きていたか、いまでもハッキリとはわかりません。でも、あのとき書いた手紙が、娘にとってなんらかの拠《よ》り所《どころ》となってくれたことは確かです。口で話し合う以上に、手紙に書かれた文字が私と娘をつなげてくれたに違いありません。

メールも手紙も果たす機能は一緒ですが、**やはり「ここぞ」というような、かけがえのない人に大事な気持ちを伝えるときは、手紙にしたためるのがいいと思います。**

じつを言うと、我が家では以前から手紙のやりとりをする習慣がありました。

きっかけは、私の単身赴任です。私は単身赴任になった際、家族にときどき手紙を書いていました。中高生だった子どもたちからも、返事の手紙をもらいました。妻が子どもたちに返事を書くよう、言い聞かせてくれていたのです。

内容は他愛のないものですよ。長男は読んだ本の内容を書き、長女と次男は「テストの点が悪かった」などの近況報告。次男などは「クリスマスプレゼントは何？」と無邪気なことを書き綴《つづ》ったりしていたものです。

当時はSNSもメールもなく、手紙でやりとりするしかなかったというのもありますが、自筆で紙に書いて渡し合うというのは、相手の存在をとても身近に感じられます。メールより手間暇がかかるぶん、気持ちがこもるのかもしれません。

仕事で死ぬほど忙しいときなど、子どもたちの手紙にどれほど慰められたか、いまも思い出すと涙が出そうです。

ですので、あなたもぜひ、家族に手紙を書く、家族と手紙のやりとりをするということを始めてみてはどうでしょうか。何も別々に暮らしていなくても、誕生日や記念日に直接手渡すのでもいいと思いますよ。

特別な日だと思うと、普段言えないことも言えますよね。よく結婚式で、新郎新婦が両親に宛てた感謝の手紙を読みあげたりしますけど、ああいうのは、普通は照れくさくてちょっと言えません。「手紙を読む」という形だから言えるんですよね。手紙を書くという話とはちょっとズレますが、自分の気持ちや考えを言葉にしてあらわせるようにしておく、というのも大事なことだと思います。

私は子どもたちの誕生日に、よく「5分間スピーチ」をやらせました。記念すべき誕生日なのだからと、ちょっとした抱負をしゃべるようすすめたのです。

もちろん、まだ子どもですから、最初はふざけてあまり話しません。何か話しても、1分もせずに終わってしまいます。でも、誕生日や記念日ごとにやると、だんだんよくしゃべるようになります。自分なりに工夫して、達者に話すようになるのです。

こういうことをやると、自分の気持ちを表現するのがうまくなります。互いの言いたいこともよくわかって、何を考えているのかわからないなんてこともなくなります。

家庭の雰囲気をよくしたい、腹を割って話せる関係でいたいと思うなら、「家族なんだから言わなくてもわかる」ではなく、きちんと言葉にして伝え合うことを習慣にするといいのです。

このように、きっかけを作って言葉のやりとりをしていると、おのずと家族の関係が深まります。最初は形だけでも、やり続ければ家族の習慣になります。「気持ちはきちんと形にして伝えるもの」「うちではそうするもの」という習慣が、家族みんなの心に根づいていきます。

そうしておけば、万が一のっぴきならないことが生じたときも、自然と「そうだ、手紙を書こう」となりますよね。

本当は特別なことをしなくとも、普段から手紙を書きたくなるような関係でいられるのがベストなのでしょうが、忙しくしていると、どうしても相手を慮《おもんぱか》るということもできなくなります。

だから、形から入って習慣にする。なんとなく照れくさいことも、習慣になってしまえば、案外すんなり、言葉にできてしまうものですよ。

口で言えない大事なことは、メールでなく手紙で伝える
誕生日や記念日に、手紙を家族に渡す習慣をつける
家族と一緒に「5分間スピーチ」、気持ちを言葉にする練習をする

第4章

お金とのつき合い方で悩んだら

気づいたらすぐに
お金を使ってしまう

お金をかけるところ、かけないところ、考えたことはありますか？

健康とお金は人生の一大事。なくしたり損なったりしたら大変なことになる。

でも、どちらもあまりに身近すぎて、大切にしようという意識がなかなか湧かない。意識があるつもりでも、ついおざなりにしてしまう。そういう人、けっこう多いですよね。

まあ健康に関しては、いくら意識を高く持っていても損なってしまうこともあります。どれほど注意しても、病気になるときはなってしまいますので、ある意味、運を天に任せるしかありません。

しかし、お金については違います。

よほどのことがない限り、命の危険に及ぶほどなくしてしまうということはありません。自分ではいかんともしがたい部分があるのは確かですが、普段から意識を払っていれば、生きるための最低限のお金くらいは確保できるはずです。

にも関わらず、慢性的にお金がない、生きるのにも困ってしまうとしたら、それはやはり、お金に対する意識が足りていないということ。お金のことをもっと真剣に、1からきちんと考えてみなければなりません。

もちろん、「気づいたらお金を使ってしまう」という人も要注意ですよ。

そのまま放置していたら、困ったことになりかねませんから、ここでお金への意識を徹底させ、「気づいたら使ってしまう」という状態を改善しておきましょう。

まず、手始めに覚えてもらいたいのが、**「入《い》るを量《はか》りて出《い》ずるを為《な》す」**という言葉。**収入がどれくらいあるかを正確に把握し、それに釣り合った支出の計画を立てるべし。**儒教の経典『礼記』に記された財政の教えです。

入ってくるお金には、当然限りがある。収入の多い少ないに関わらず、まずはその数字をきちんと把握し、それに見合った支出の計画を立てる。収入の範囲内で収まり切らないいなら、切り詰めるなりムダを省くなりして収まるようにする。

要するに、収入に合わせた分相応の生活をする、ということが重要なのです。

「そんな当たり前のこと、言われなくてもわかっている」

「家計簿だってつけてるし、贅沢《ぜいたく》せず分相応に暮らしているつもり」

それ、本当ですか？　つけた家計簿を見直していますか？　分相応で贅沢していないと言いながら、ほしいものがあると「このくらいの値段ならいいよね」と買ってしまったりしていませんか？

ハッキリ言いますよ。家計簿は定期的に見直して、計画通りにいっているかどうかチェックし、収支がプラスになるよう活用しなければ意味がありません。たとえ安いものしか買っていなくても、収支がマイナスなら贅沢だということになります。

いかがですか？　こうやって振り返ると、「入るを量りて出ずるを為す」、簡単なようでいて、案外できていなかったりするでしょう？

あなたが最初にすべきは、この習慣を身につけること。お金を使う際は、「出ずる」に引っ張られず、「入る」の範囲内で使うということを心がけましょう。

そして、もうひとつやっていただきたいのが、**「自分にとって何が大事なのか」を、よ～く考えること**。何にお金をかけて、何にかけないかを、自分の中で決めるということです。

分相応ももちろん重要ですが、なんでもかんでも節約して、我慢して暮らすのがいいわけではありません。大事なものにはある程度お金をかけ、そうでないものにはあまりかけない。**お金の使い方では、「選択と集中」の考え方が必要です。**

たとえば、私は30歳のときに、当時勤務していた大阪でローンを組んで家を買いました。まだ安月給でしたし、貯金もほとんどありませんでしたが、妻の実家にすすめられて、実家が所有する土地を買い、そこに家を建てることになりました。いま思うと、かなり無謀な買い物です。

私はこれまでにないくらい真剣に家計に向き合い、ローンの返済計画を立てました。

義父からは「そんな返済、無茶だよ」と言われましたが、計画通りの完済を目指して、省けるものは徹底的に省いていきました。

たとえば、ローンを支払っている間は、外食や旅行はいっさいなし。贅沢品も絶対に買わない。家族には不自由な思いをさせたかもしれませんが、おかげで計画通りにローンを払い終えることができました。

お金を「家（のローンの支払い）」に集中させ、ほかはギリギリまで省くことによって、40代の半ばで持ち家を手に入れることができたわけです。

もちろん、何に集中させるかは人それぞれです。家族旅行が大事ならそこに集中してもいいですし、子どもの教育が最優先ならそこにかけてもいいでしょう。

私は「タイムマネジメントの要諦は計画と効率にある」と言ってきましたが、お金の使い方もこれと同じ。何にどのくらい使うか計画を立て、そこに向けて、効率よく使うべきなのです。

また、**お金は目先だけでなく、5年先、10年先を考えることも大事です。**

支出をいかにして少なくするかだけでなく、先々を考えて、いかに収入を増やしていくかも考える。むろん危険な投資などは避けるべきですが、地に足のついた形で、ちょっとワイドに、資産形成を考えていくことも必要だと思います。

じつを言うと、私が30代で買った家は、あまり住まないうちに人に貸すことになりました。私に転勤の辞令が出たため、一家で東京に引っ越すことになったからです。

当時は「せっかく家を買ったのに」と思わなくもありませんでしたが、結果的に、この家賃収入がその後の我が家の家計を助けてくれることになりました。いま現在も変わらず家賃収入が入ってきますから、家計は大助かりです。

これも「入るを量りて出ずるを為す」に始まり、「選択と集中」を徹底したお金の使い方を心がけたおかげだと思っています。

お金は「入るを量りて出ずるを為す」を徹底する
何が大事かを決め、「選択と集中」で予算計画を立てる
目先だけでなく、10年先の資産形成も考える

「お金の使い方=あなたの本性」ということを知っていますか?

お金というのは、実際に使ってみないと、どう使えばいいか、人生にどう活かせばいいかわからない、というところがありますよね。

その意味で言うと、「欲」というものも、ある程度は大事かもしれません。「あれがほしい、これが買いたい」という欲求がなかったら、お金の大切さもわからないし、どうお金を使うべきかも考えませんからね。

そもそも資本主義社会では、欲は必須。欲が経済を回し、資本主義社会を牽引していると言っても過言ではありません。

ただ、だからといって、欲にまみれたらおしまいです。欲が高じて人を騙す、ものを盗むなど、人々が道を踏み外したりしたら、社会が破綻し、経済そのものも機能しなくなる。そうならないためには、欲をコントロールする「理性」が不可欠です。

要するに、**稼いだお金をうまく人生に活かすには、欲と理性のバランスを上手に保つこと、うまく保てる人間性が必要になってくるわけです。**

しかし、これが案外むずかしい。社会的に偉くなったからといって、必ずしも理性的に、うまくお金とつき合えているとは限りません。

たとえば、何人かの官僚が接待を受けて、金銭を受け取っていたという事件がありましたね。インテリジェンスの塊ともいうべき官僚でさえ、欲に負けてばかなことをしでかしてしまう。本当に嘆かわしい限りです。

一方、お金をたくさん稼ぎ、その使い方を熟知しているはずの経営者が、お金を介して残念な人間性を露呈させてしまう、ということもあります。

少し前の話になりますが、とある有名企業のトップが、自らの部下を従え、私に講演依頼をしにやって来たことがあります。

彼は一方的に、いろいろなことを延々と話した末、最後につけ足しのように、これが当たり前だという顔で、講演の金額を提示しました。大企業が提示するとは思えない、かなり低い額でした。

これにはかなり驚かされました。驚きを通り越して、あきれてしまいました。何か事情があるならいざ知らず、なんの説明もなく、非常識と受け取られかねない額をさらっと言う。しかも、企業のトップが。

何も大金を支払えと言いたいのではありません。問題は金額そのものより、その姿勢。金銭のやりとりには、その人の品性や人間性、本性のようなものが滲《にじ》み出るものだとつくづく感じたのです。

ですから、どうかあなたも気をつけて。**お金をどう活かすを考える前に、お金には**

本性があらわれるということを、十分自覚するようにしてください。

さて、お金を活かす、つまり効果的に使うということで言えば、株や投資信託など、投資をやってみるのもいいかもしれません。

ただし、あらかじめお断りしておきますが、最初から「お金を大きく増やそう」なんて考えたらダメ。投資はバクチではありません。やるなら堅実に、余裕資金でもって、時間をかけて増やしていくつもりでやらなければなりません。

その前提でやるのなら、投資は大いにやるべきです。

というのも、株価を通じてお金の動きを追うと、業界のことや世の中のことがよくわかるからです。この先、経済がどうなるのかということも考えられるようになってきます。簡単に言えば、株などの投資は経済や社会の勉強に非常に役立つのです。

株や経済の知識がついたら、仕事に役立ちますね？　経済や社会の動向に詳しかったら、上司や取引先の人にも一目置かれますよね？

本来こういう勉強は進んでしたほうがいいのでしょうが、忙しい毎日ではなかなか手をつけられません。やったとしても、三日坊主で終わるのが関の山。

でも、実際に投資をするとなったら、勉強せずにはいられなくなります。お金の損得がかかっていると思えば、進んで知識や情報を得ようとします。株や投資というのは、自分自身の仕事力をあげるうってつけのチャンスになるわけです。

私も若いころ、いっとき株に夢中になりました。儲けたり損をしたりといろいろ経験しましたが、株価の上げ下げが気になって、仕事がもう手につかない（笑）。だから株はキッパリやめましたが、最近またちょっとずつ始めるようになりました。

ちなみに私の場合、いくつかの証券会社を介して取引をしていますが、このとき重要なのは、株価そのものよりも話を持ってくる担当の営業マンの人柄です。その人の性格や行動が、儲かる儲からないを判断する参考になります。

ポイントは、情報や知識があるのはもちろんのこと、売り買いのスピード感や、見極め方のタイミング。それらから、株売買のスキルを判断する。営業マンとつき合う場合は、株価の動向と並んで、人物を見抜く目が大事かもしれません。

こうしたお金に関する知恵は、幼いころから学ぶにこしたことはありません。あなたにお子さんがいるなら、お小遣いを渡したり、何かを買ってあげるときなどに、人生に活かすお金の話をしてあげるといいかもしれません。

私の亡くなった母の友人で、御年１００歳になる女性がいます。

彼女にはたくさんの孫がいますが、普段は子にも孫にも、いっさいお金は渡しません。その代わり、入学や卒業、結婚などの節目には、まとまった額のお金をドーンとあげる。それも、みな平等に、イベントごとに決まった額を渡すのです。

こうすると、子も孫もお金のありがたみを噛みしめます。おばあちゃんに対する信頼も増します。「かわいい孫だから」とちょこちょこお金をあげるより、このようにルールを定めて相応の額をあげるほうが、お金に対する意識がつき、人生に活きるお金の使い方を自ら考えるようになるのではないでしょうか。

もちろん、これを単純に真似すればいいという話ではありません。お金のルールは人それぞれ。よその家庭に右へ倣《なら》えではなく、「うちはこれ」と決めることが大事だと思います。

「欲」と「理性」のバランスを常に考える
品性のないお金の使い方をしていないか、自己確認する
お金儲けではなく勉強のために、投資をしてみよう

一生懸命働いているのに
給料が安くて不満だ

あなたが稼いだお金は、何によって得られたものですか？

「いまの給料に不満がある、もっともらいたい」

あなたと同じように思っている人は、きっとたくさんいると思います。

一生懸命働いているのに、なんだか給料はその働きに見合ってない。自分はもっともらってもいいはずだ。そういう気持ち、わからないではないですよ。

でも、給料は会社が決めるもの。一社員が「もっとくれ」と言って増やしてもらえるような性格のものではありません。そこは当然、あなたもわかっていますよね？

ただ、最近は成果主義の風潮もあり、個人の査定や業績が手取りの収入に影響を与えるケースも増えています。ポストや担当する仕事によって給料が決まる「職能給」を取り入れている会社もあります。

ですから、あなたがどうしても給料をあげたいと思うなら、具体的な成果を提示して、「自分はこれだけの成果を出している。だから賞与をあげてもらいたい」と、上司に交渉してみたらどうですか？

そういう交渉を受け入れる社内風土があるかないかにもよりますが、本気で収入アップを望み、交渉の余地がありそうなら、そういうチャレンジをしてもいいと思いますよ。

もちろん、これはハードルの高いことかもしれません。会社から煙たがられてしまうこともあるかもしれません。でも、そういう努力もせずに不満だけを並べ立てるのは、建設的とは言えません。

現実を変えたいなら、やっぱりそれなりのがんばりを見せないと。やれることはやってみないと。でないと、何も始まりませんよね？

こんなことを言ったらため息をつきたくなるかもしれませんが、働いてお金を得るということは、つくづく大変なことなんですよね。

ん？「大して働かずにもらっている人もいるんじゃないか」って？

確かに、いますね。あまり努力せずにお金を儲けている人。

たとえばアメリカの富裕層。国際NGOオックスファムによれば、「世界人口70億人のうち、上位8人の財産が、下から半分に当たる35億人分の財産に相当する」のだそうですが、彼らは別に、あくせく寝る間も惜しんで働いているわけではありません。会社の仕組みによって、巨万の富を手に入れています。

だからひょっとすると、富裕層の人たちは「なんで自分の懐にこんなにお金が入ってくるのかな」くらいにしか考えていないかもしれない。もちろん、彼らなりの努力もしているでしょうが、自分の努力だけで財産を築いたわけでは当然ありません。

じゃあ、いったい誰のおかげで彼らは儲けることができているのか？

そう、言うまでもありませんね、彼らの会社の仕組みを利用しているその他大勢、社会の人々のおかげです。言うなればこの社会があってこそ、お金持ちはお金を儲けることができているわけです。

したがって、本来たくさんお金を儲けている人は、稼いだお金をなんらかの形で社会に還元すべきだと言えます。

還元することによって、自分たちにお金をもたらす社会がより豊かになれば、さらに自分たちにお金が入って、もっとお金を稼ぐことができる。

継続的にお金を儲けたいと思うなら、それを支えているこの社会にお返しをしてしかるべき、ということになるわけです。

実際に欧米の富裕層は、こうしたことをよく理解していて、当たり前のように寄付をします。マイクロソフトの創業者であるビル・ゲイツも、「投資の神様」と呼ばれるウォーレン・バフェットも、慈善団体などにかなりの資産を寄付したことで話題になりました。

もちろん、節税対策などもあるのかもしれませんが、その根底にはやはり「金持ちは寄付によって社会貢献すべし」という根強い精神があって、自分のお金がどこから何によって得られたのかを、きちんと理解しているのでしょう。

大して働かずに儲けられるのはうらやましい限りですが、**「いま自分の懐にあるお金は、大勢の人々の財布からやってきたものである」**という認識は、富裕層に限らず、われわれ一般人も心しておくべきではないでしょうか。

こうした欧米に比べると、日本はまだまだ寄付の考え方が根づいていませんね。

私も寄付にはあまり馴染《なじ》みがありませんでしたが、あるとき母校の高校が創立140周年を記念して卒業生に寄付を募《つの》るというので、思い切って十万円単位のお金を寄付しました。発起人の同級生から「みんなに声をかけたものの、集まりが悪くて困っている」と聞いたからです。

卒業生の中には、経営者や会社役員など社会で活躍している人も少なからずいます。私がある程度出せば、そういう人たちが「じゃあ自分も」とこぞって出してくれるかと思ったのですが、フタを開けてみたら、結局そのくらいのお金を出したのは私ともうひとりだけ。寄付に対する意識は、やはり一筋縄ではいかないようです。

いまの給料に納得がいかない場合、転職するという手もあります。「長く勤めても、この程度しかもらえない」とわかれば、ゆくゆくは別の会社に移ったほうがいいのではないかと考えることもあると思います。

でも、**会社の選び方はお金だけでなく、自分に合うか合わないかもとても重要です。**居心地や雰囲気が合っていて働きやすいというのは、お金に代えられない価値があります。

そういうことを考え合わせても、転職したほうがメリットがあるというのであれば職場を変えるのもいいでしょうが、そこで疑問が生じるようであれば、転職には慎重になったほうがいい。

お給料も当然大事ですが、そこで培った人間関係もまたかけがえのない財産だということを、どうか忘れないようにしてください。

収入アップのために、できる努力を考える

自分が稼いだお金はどこから来たか、具体的に想像してみる

転職は給料だけでなく、居心地や雰囲気も計算に入れて判断する

将来のことを思うと
お金の不安が尽きない……

そんなにたくさんのお金が必要ですか？

近い将来、勤めている会社が倒産して、収入が絶たれるのではないか。病気やケガ、親の介護など、のっぴきならない事態が起きて、多額のお金が必要になるのではないか。

そう思うと、心配で夜もろくに眠れない。

もしかして、あなたはそんな不安に悩まされていますか？

確かに、人生は何が起きるかわかりません。生真面目な人ほどいろいろ考えて、不安になってしまうということもあるかもしれません。

そこへいくと、私などはあきれるくらいの楽天家です。長男に障害があるとわかっても、妻が病気で入退院を繰り返しても、悲観的になったことはありません。

そりゃ、その事実に直面したときは、人並みに「大変なことになった」とか「どうしようかな」などと思いますが、深く悩んだり長く落ち込んだりはしません。

「まあ、なんとかなるだろう」「考えてもしょうがないや」と思い直して、「まあ、ともかく目の前のことを片づけるか」と、自然と前を向いてしまいます。仕事がどれほど大変でも、悩んで眠れないなんてこともありません。

これはもう、そういうふうに生んで育ててくれた親に感謝するしかない。努力してそうなった部分もあるとは思いますけど、まあ大部分は気質です。

何しろ若かりしころの私は、「チャランポラン」で「手抜き」の佐々木（笑）です。仕事に関してはともかく、精神的にはあまり深く考えない、ムダなことはやろうとしてもできない。よくも悪くも、タフで単純な人間なのかもしれません。

でも、誰もがそういうふうに生まれついているわけではないですよね。好むと好まざるとに関わらず、つい悩んでしまう、不安になってしまう。そういう人は「楽天家になれ」と言われても困ってしまいますね。

だから私は、「悩むな」「タフになれ」とは言いません。そんなことを言われたら、むしろもっと悩んでしまうでしょうからね。

そこで、どうしても不安だというあなたに、こんな言葉を贈ることにします。

「人生に必要なのは『勇気』と『想像力』と『サムマネー』」

かの有名な喜劇王チャールズ・チャップリンの言葉です。

もちろん、「勇気」と「想像力」については、いいですよ、受け取らなくて。

本当は前向きにものを見る勇気とか、将来をポジティブに捉える想像力も持ってもらいたいところですが、あなたはこれがなかなか持てなくて困っているわけですから、そこをあえて押しつけるつもりはありません。

それよりも、一番受け取ってもらいたいのは、最後の「サムマネー」。いくばくかのお金、ある程度の蓄えを持ってもらいたいということです。

どんなに不安があっても、たとえ将来に対して悲観的でも、いま少しずつお金を貯めることはできますね？

前にアドバイスしたように、「入るを量りて出ずるを為す」「計画的に効率よく使う」。これを実践することくらいならできますね？

勇気を持てなくてもいい、前向きな想像力がなくてもいい、その代わり貯金をし、10万円でも20万円でも、サムマネーを地道に増やす努力をしてほしいのです。


いくばくかでも蓄えがあれば、会社が倒産しても当面は食べられます。親兄弟に何かあっても、助けてあげることができます。絶望が希望に変わり、「なんとかできる」という前向きな気持ちも湧いてきます。

「サムマネー」がいくらなのかは、人によって違います。１００万円の人もいるでしょうし、10万円、いや1万円の人だっているかもしれません。

でも、たとえ1万円でも、あるとないとでは大違いです。たったこれだけでも、使い方、活かし方で人生への向き合い方は変わるはずです。問題は金額の多い少ないではありません。

実際に私が30代のころ、同僚たちは仕事が終わったあと、よく連れ立って飲みに行っていました。そのせいで貯金がほとんどないという人が多くいました。それなりに稼いでいても、使い方によっては「サムマネーはゼロ」ということだってあるわけです。

だから、「収入が少ないからサムマネーが貯まらない」と心配しなくて大丈夫。大事なのは、前にも言ったように分相応を知り、少額でも着実に、しっかり蓄えていくということ。そう考えると、必ずしも大金が必要とは限らないですよね？

え？　それでも食べていけないようになったら、どうしようかって？

そのときは、もういっそのこと野垂れ死に……と言いたいところですが(笑)、そんなことにはなりません。いざというときは、生活保護をはじめとするさまざまな支援があります。がんばってもダメなら、公的な助けを求めたらいいのです。

こうした支援を受けることを「恥ずかしい」などと引け目に感じる人もいますが、そんな必要はまったくありません。これまできちんと税金を納めてきたのですから、受けられる支援は堂々と受けていい。困ったときはお金でも知恵でも人から借りて、人生を立て直せばいいのです。

それともうひとつ大事なのは、**蓄えや稼ぎを人と比べないこと。**

私くらいの年齢になると、友人と比べて貯金が少ないとか稼ぎがないとか、そういうことはあまり考えません。気にならないわけではないのかもしれませんが、さほど関心を示さなくなります。

あなたたち若い人も、そういう感じでいたほうがいい。稼ぎや貯金を人と比べない、そもそも関心を持たない。比べたところでどうにもならないじゃないですか。

いっとき「老後は2000万円が必要だ」なんて話題も出ましたけど、それだって人それぞれ。5000万円いるという人もいれば、1000万円で十分だという人もいる。サムマネーは大事ですが、いくら必要かは、あなた次第で変わるのです。

サムマネー(いくばくかの蓄え)を地道に準備する
いざとなったら公的支援で人生を立て直す
蓄えや稼ぎを人と比べない

飲み会のお金って
割り勘が基本なのでは？

あなたのお金の使い方が見られていること、知っていますか？

会社の飲み会は割り勘にすべきか、それとも上司が多く払うべきか？　案外悩ましいところですよね。

一般的に、「給料を多くもらっている年長者が払うべき」とか、「誘ったほうが払うべき」などの考え方があるようですが、これ、人によってずいぶん違います。給料をたくさんもらっていながら、あるいは自分から誘っておきながら、割り勘で当たり前という人もけっこういます。

たとえば、私が30代のころに勤めていた部署の上司。

みんなと飲みに行くのが大好きで、仕事が終わると「おい、飲みに行くぞ」と部下を誘って近くの居酒屋に行くのですが、いざ会計になると「はい、ひとり３０００円ね」と、当然のように部下たちに割り勘で飲み代を請求します。

みな「誘われたから来たのに」「行きたくもないのにつき合ったんだから、あなたが多く払ってよ」と言いたげでしたが、その上司は気に留める様子もなく、ひと回り以上も下の部下からも平然と飲み代を徴収していました。

しかも当時、その上司は会社の専務です。「自分たちの何倍もの給料をもらっているのに割り勘なんて」とみなあきれてしまい、次第に誰もがその人に誘われないよう、終業間近になると机の前から姿を消すようになってしまいました。

まあ上司といえども、部下とそれほど給料が変わらない場合もあります。ですから一概に上の者が出すべきだとは言いませんが、大企業の役員でありながら割り勘を求めるというのは、やはりかっこいいものとは言えません。

全額を出せとは言わないまでも、自分から誘ったのであれば、多く給料をもらっているほうが、ある程度は負担すべきではないでしょうか。

私は妻の看病や子どもたちの世話がありましたから、終業後に誰かと飲みに行くということはほとんどありませんでしたが、たまに部下たちと飲みに行くときは、請求代金の半分を払うようにしていました。

給料を多くもらっているほうが多めに出すのは当たり前と思っていましたし、そうしたほうが部下との信頼関係も深まると考えたからです。

ただし、「飲みに行ったら、常に目上の者が多く支払うもの」と頑なに考える必要もありません。「みんなでなんとなく飲みに行こう」となった場合は、割り勘だって構わないと思います。

「飲みに行ったら、いつでも上司が払ってくれる」と部下が思ってしまったら、大した用もないのにひっきりなしに誘われて、お金や時間を浪費することになりかねません。あなただけでなく、部下のためにもなりません。

太っ腹な振る舞いも、たまにやるから効果があるのです。時と場合に応じて、飲み会で出すお金はうまく調整するようにしましょう。

もちろん、上の人と飲みに行く場合も同じですよ。

上司からの誘いは断りづらいと思いますが、先に紹介した「割り勘専務」のような人につき合わされたら、いくらお金があっても足りません。

ですから、たとえ上司であっても、飲みの誘いはほどほどに。つき合いきれない場合は何かうまく理由をつけて、丁重にお断りしてしまいましょう。

「断ったら、あとあと立場が悪くなるのではないか」「出世に差し障るのではないか」なんて心配する必要はないですよ。実際に私は家族の事情で上司からの誘いはほとんど断りましたが、立場が悪くなることもなかったし、出世もできました。

結局、働くうえで重要なのは、飲みの誘いにつき合うより、仕事で成果を出すこと。

まあ上司の誘いにひょいひょいついて来る人がかわいがられる傾向もないわけではありませんが、それだけでうまくいくほど、仕事は甘いものではないわけです。

もっとも、飲み代をあまりにもケチるのも考えものです。場合によっては、自ら自腹を切ることが、自分自身のためになることもあります。

たとえば、第1章の冒頭で触れた関連会社の立て直しに関わった際、私は相手方の会社の人たちと信頼関係を築こうとしばしば飲みに出かけましたが、そのときは必ず自腹を切りました。会社が存続の危機にある彼らに、余計な出費をさせるわけにはいかない、そう思ったのです。

するとそのうちに、貯金が底を突いてしまいました。困って上司に相談すると、「ばかもん、そういう費用はきちんと経理に回せ」と叱られてしまいましたが、私が自腹を切ったことを知ると、みんな「佐々木は自腹を切っていたのか、ほかの人はみな会社の金を使っているのに」と驚き、私に信頼を寄せてくれるようになりました。

経費にできる飲み代を自腹で賄《まかな》うというのは、必ずしも正しいこととは言えませんが、結果的に、会社のお金ではなく自分のお金を使ったことがのちのちの信頼につながり、仕事もスムーズに進むようになったのです。

まあこれは狙ってやったというより、若さゆえの熱意がもたらした偶然の幸運といったところですが、最初から飲み代の請求を経理にしていたら、ここまで信頼してもらえることはなかったでしょうね。

経理に請求と言えば、こんなこともあります。

私が所属していた部署では、社長や役員らの秘書を集めて、時折慰労会を行っていました。秘書をねぎらうための慰労会ですから、当然ボスのポケットマネーから出すのかと思いきや、なんとその費用は会社持ちで、経理に請求書が回ってくる。

その請求書を目にした秘書の人たちは、ガッカリしていました。ねぎらうと言っても結局は業務のひとつかと、みな喜びが半減どころかマイナスに。当然、ボスに対する忠誠心もマイナスになってしまったに違いありません。

かつての私のように、困ってしまうほど自腹を切る必要はありませんが、飲み代などのお金を払う際は、その場だけの損得ではなくのちのちのリターンも考えて、出し惜しみしないことも大切なのです。

飲み会を割り勘にするかどうかは、時と場合に応じて調整する

上司からの誘いはほどほどに受ける

仕事であっても、必要に応じて自腹を切る

どんな方法でもとにかく
お金をたくさん稼ぎたい

その稼いだお金は、社会のためになりますか？

どんな方法でもいいから、とにかく稼ぎたい。

その気合いは、決して悪くないですよ。

仕事に好き嫌いをつけて、「あれはダメ、これはイヤ」と選びたがるより、なんでもやって稼いでやろうとするくらいの意気込みがあったほうが、人としてもビジネスマンとしても、成長するかもしれません。

でも、結論から言うと、「どんな方法でも」はおすすめできません。

特に、人の道から外れた方法は、むしろするべきではありません。

「日本の資本主義の父」と呼ばれ、NHK大河ドラマの主人公にもなった明治の実業家・渋沢栄一が、こんな言葉を残しています。


「道徳的であることが、最も経済的」


人の道に合ったことをするのが、経済的には一番の近道だというのです。

渋沢は「士魂商才《しこんしょうさい》」といって、「商売をする者は商才だけでなく、世のため人のためという武士道精神（道徳）を持つべきだ」と説きました。「儲かるなら何をやってもいい、人の道に外れたことをしてもいい」では、いずれ世の中は衰える、経済活動は長続きしないと言い切りました。

こういう考え方は、いまでこそしばしば聞かれますが、当時はかなり画期的でした。

商人は金儲けのためならなんでもする。商売と道徳は相反するもの。この時代は多くの人が、そう考えていたんですね。

実際に当時、海運業で活躍した三菱グループの創業者である岩崎弥太郎は、独裁的な手腕によって大成功を収めました。同業者を蹴落とし海運業を独り占めすることで、巨万の富を得ました。道徳なんかそっちのけの、まさに「自分さえよければいい」という稼ぎ方です。

しかし渋沢は、岩崎の大成功を目の当たりにしても、絶対に考えを変えませんでした。それどころか、渋沢の商才に目をつけ、「手を組もう」と誘ってきた岩崎の提案を突っぱね、仲間とともに興した海運会社で戦いを挑み、海運業をめぐって熾烈《しれつ》な戦いを繰り広げます。

結局、戦いは岩崎の病死によって幕引きとなりましたが、その後、渋沢の会社と岩崎の会社は合併し、みなさんご存知の日本郵船という会社が生まれます。

まあどちらが勝ったとは言えないにしても、両者が和解して一緒になったという点で見れば、岩崎の「自分さえよければ」的なやり方より、渋沢の「道徳に基づいてみんなで協力する」的な考え方に軍配があがったのは確かです。

ところで、渋沢は日本郵船のほかにも、たくさんの「株式会社」の設立に携わりました。その数、なんと500以上。代表的なところをあげると、みずほ銀行、JR東日本、東京ガス、王子製紙、帝国ホテル、東急電鉄、などなど。

誰もが知る、日本経済の中心にある有名企業ばかりですが、これらはどれも、渋沢の尽力なしには存在し得なかったと言っても過言ではありません。つまり、日本の経済社会では、いまなお脈々と渋沢の精神が息づいている、「商売は道徳を根底に置け」という渋沢イズムが、至るところで生きているということなのです。

世間ではよく、「仕事は食うか食われるかだ」なんて言います。「世のため人のためより、お金を稼いでナンボだ」という現実もあります。

しかし、「悪銭身につかず」という諺《ことわざ》が示すように、不道徳な手段で得たお金はいずれ泡と消え、大した経済価値をもたらしません。

こうした道理をよくわきまえて、「人の道に外れた働き方は損」「道徳的が一番経済的」という渋沢イズムを、ぜひ身につけてもらいたいと思います。

最近は「SDGs（持続可能な開発目標）」という言葉をよく聞きます。

貧困、環境、ジェンダーなどの問題を解決するため、国際社会が一丸となって取り組もうと決めた到達目標ですが、これなどはまさに「道徳」に沿った国のあり方、社会のあり方、そして働き方を求めるものと言えます。

やたらと指標が多くて、ちょっとむずかしい部分もありますけど、まあ簡単に言ったら、「社会に貢献するような働き方をしましょう」「儲ければそれでいいという考え方はやめましょう」ということ。これはCSR（企業の社会的責任）や、企業が掲げる経営理念とも関わるものかもしれません。

たとえば、私が勤めていた東レで言うと、経営理念は「新しい価値の創造を通じて社会に貢献する」。言い換えるなら、社会のためにならないと思われる価値の創造には、私たちは与《くみ》しませんよ、ということです。

具体的にどういうことかというと、東レではパチンコ台のようなものは、まず作りません。需要があっても儲けがよくとも、公益に寄与するとは言いがたいからです。

今後はこうした企業の公益性が、さらに重視されるようになるかもしれません。渋沢が訴え続けてきた「士魂商才」が、ただの綺麗事や絵空事ではなく、ビジネスの現場で現実味を帯びてくる、ということかもしれません。

まあとはいえ、いまはそこそこお金もあって、不安もないという人にとっては、公益も道徳もあまりピンとこないかもしれません。ましてやあなたのような働き盛りの人からすれば、「世のため人のため」を切実に受け止めるのはむずかしいでしょう。

しかし、一部の人だけがひとり勝ちするような社会、困っている人を置き去りにするような社会というのは、言うまでもなく不安定です。不安定な社会では、経済発展も望めませんし、経済発展が望めなければ、やがて自分の稼ぎも先細りになることは目に見えています。

だからこそ、ひとりひとりが、「この稼ぎ方は果たして社会のためになるか?」と考え、「道徳的が最も経済的」という前提に立つ。これをいち早く実践できる人が、精神的にも経済的にも、最も豊かになれるのかもしれません。

「道徳的であることが最も経済的」と心得る
不道徳なお金の稼ぎ方をしていないか、自己確認する
業績や数字だけでなく、ＣＳＲや経営理念について考えてみる

第5章

人間関係がうまくいかなくなったら

人と会うのがどんどん
煩《わずら》わしくなってきた

自分の中で基準をしっかり持っていますか?

人づき合いというのは、思う以上に疲れるものです。

仕事の上でプラスになる、自分を磨く刺激になる、ストレスを発散させる憂さ晴らしになるなど、いい面があるのも確かですが、行きすぎれば煩わしくなります。よほどの関係性がない限り、楽しいと思っていても、やがて疲れてしまうものです。

しんどいと思ったら会うのをやめたらいいのですが、「誘われて断るのも気が引ける」「今後のことを考えたら気が進まなくてもつき合っておこう」なんて思うこともありますね？

こういうのは、いわゆる「義理」のつき合い。あまり気が向かなくても対応しなければならない表面的なつき合いです。あなたが人と会うのが煩わしいと感じるのは、この義理のつき合いが増えているからではありませんか？

義理のつき合いというのは、会社や友人関係だけでなく、親戚やご近所もあります。パートナーの家族、町内会、子どもの学校関係、ママ友などなど。

こういう人たちとは、「疲れるから会いたくない」とは言えません。不本意なことがあっても、簡単につき合いを断ち切ることもできません。

本当は義理なんか、表面上のつき合いなんか、ないにこしたことはないのでしょうが、そういうわけにもいかないですよね。

では、そもそも「義理のつき合い」というのは何のためにあるのか？

義理というのは、煩わしいものである反面、社会に欠かせない道徳や慣習のひとつであり、「踏み行うべき正しい道筋」でもあります。義理があるから人間関係がスムーズに運び、安心して社会生活が営めるという部分もあります。

たとえば、義理でつき合っていた関係者が、思わぬ仕事のチャンスを持って来てくれることもありますよね？　災害や犯罪など不測の事態が起きたとき、ご近所との義理のつき合いによって、我が身が助けられるということも考えられますよね？

このように、義理には支え合いや助け合いなどといった側面もある。だから、簡単に「義理のつき合いはよくない」とは言い切れないわけです。

もっとも、日本人は義理を重視しすぎる傾向があります。それなりに個人主義が進んだとはいえ、自分の気持ちより義理を優先する風潮が、まだまだ色濃く残されています。

義理が大事なのは確かですが、自分を常に押し殺し、我慢して義理につき合うのは、やはり賢いこととは言えません。

義理は、あくまで無理をしない範囲でする。「煩わしい」「億劫だ」という気持ちが強いようなら、そこは義理を欠いても構わないのではないでしょうか。

こうした「どっちを優先したらいいのか」「どちらを選べばいいのか」という問題を前にすると、みなさん悩みますよね。何を基準に、どういう案配でやったらいいか、非常に戸惑いますよね。

私が思うに、こういうときは、**感情ではなく、理性を働かせるようにしてみるといいですよ。**

人間は感情の生き物ですから、ともすれば「イヤだ」とか「嫌いだ」とか、感情で判断しようとしてしまいます。感情で決めようとすると、どうしても迷いや悩みが生じて、袋小路に入ってしまいます。

一方、理性を働かせると、一定の距離を置いて、冷静にものや人を見られます。そうすると、慎みや配慮が生まれ、どうすればいいかの判断の目安もついてきます。

感情ももちろん大事だけれど、何かを判断するときは、やはり理性を働かせるに限る、ということなんですね。

また、義理か人情かといった二者択一の問題に直面したときは、「絶対にこっち」と決めつけるような、偏った捉え方も控えたほうがいいです。

人は正しい答えを求めたがります。どちらが正しいとか間違っているとか、とにかく白黒をつけたがります。

でも、世の中は簡単に白黒がつくほど単純じゃありません。

表と裏、義理と人情、建前と本音のように、物事には必ず両面がある。

その前提に立って、両者のバランスをはかりつつ、「こういう場合はどうするか」「こういうときはどっちを取るか」と判断していくことが重要なのです。

まあ義理に関しては私自身、どちらかというと欠いてきたほうです。上司から飲み会に誘われても、ほとんど断ってきましたしね(笑)。

自ら望んでというより、家族の事情があって断らざるを得なかったわけですけど、義理を欠いたせいで困った、悩んだというような経験もほとんどありません。もともと、やたらとつるんで飲み歩くようなことも、あまり好きではなかったですしね。

ただ、仕事の上で「これは重要だ」という義理は絶対に欠かしません。「断ったら信頼してもらえない」と思ったら、多少無理をしてでも、飲み会に参加するようにしていました。

義理は欠いても信頼は欠かさない。仕事でもプライベートでも、ここが一番大事かもしれませんね。

そして、「これは失いたくない」と思う友だちとの関係は、それこそ信頼を欠かさないよう、積極的に「手入れ」をしたほうがいいですよ。

大事な友だちとの友情は、かけがえのない宝です。家族にも言えないことを相談したり、落ち込んだときに励まし合ったりなど、人生の慰めになります。これがあるとないとでは、人生は大きく変わると言っても過言ではありません。

義理ではない、心からの友情で結ばれる相手であれば、おそらく人づき合いで疲れることはありません。むしろ元気が湧いてくるはずです。最終的にはそういう人情のつき合いができれば、人間関係は理想的かもしれませんね。

義理も大事、でも「ほどほど」を心がける
「義理は欠いても信頼は欠かさない」と心得よう
大事な友情は積極的に「手入れ」をしよう

こだわるのは「絶対に譲れないもの」だけにしませんか?

人と衝突するのは、疲れますよね、ストレスになりますよね。

それが絶えないというのは、ちょっと心配です。

疲れやストレスが高じたら、病気になってしまうことも考えられます。

何よりそこだけは、十分気をつけるようにしてくださいね。

ただ、やりすぎるのはともかくとして、人とぶつかること自体は、決して悪いことではありませんよ。

人とぶつかるということは、自分に確たる主張があり、人生を主体的に、責任を持って生きているということ。なんでも人任せで他人の意見に流されて生きるより、譲れないものを持っているほうが、よっぽど素敵じゃないですか。

スティーブン・コヴィーが書いた『七つの習慣』は前にも触れましたけど、彼はこの本の中で、「人生を幸福に導く成功哲学」として、次の7つの習慣をあげています。

1 自分の人生を引き受けて、主体的に生きること
2 目標を持ち、終わりを思い描くことから始めること
3 いま何が大事かを考え、最優先事項を優先すること
4 自利利他円満「win‐win」で考えること

5　まず相手を理解し理解される、インサイドアウトで考えること
6　シナジーを創り出し、全体の合計が各部の和より大きくなること
7　刃を研ぐ、自分を磨く習慣をつけること

いまあなたに伝えたいのは、この7つのうちの1番目、「自分の人生を引き受けて、主体的に生きること」というところです。

この「主体的に」というのは、言い換えれば**「人とぶつかっても、これだけは絶対に譲れないものを持ちなさい」ということです。**

そのくらいのものを持ってこそ人生は輝く、ぶつかるくらいでいいんだと、コヴィーは教えてくれているわけですよね。

じつは、前章で紹介した渋沢栄一も、これと似たことを言っています。

人間どこかに「角」がないとダメ。おかしいと思ったら、譲っちゃいけない、自分の信念に反するなら徹底的にやり合え、と言っているんですね。

渋沢という人は、基本的に温和な人物です。争うより、むしろ穏やかに話し合って物事を進めた人です。そういう人でも、「角を持て」と、譲れないものを持ちなさいと

説いているわけです。

私自身も、どちらかというと穏やかです。仕事でケンカをしたり、大声で誰かを怒鳴りつけるようなことはしたことがありません。

でも、「これは譲れない」というところに関しては、意見を戦わせます。腹も立てますし、物言いがきつくなることもあります。普段は穏やかでも、ここぞという局面では、おのずと「角」が立ってきます。

ただ、あまり角が立ちすぎると、やはり後味の悪い思いをします。そのあとのつき合いに支障が出ることもあります。なので角を立てるにしても、なるべくユーモアを、余裕を持って、意見を戦わせるよう努めています。

ですからあなたも、人とぶつかるにしても、あまり深刻にならないよう、余裕を持ってユーモラスに。「腹を立てながら笑え」と言われているようで、ちょっとむずかしいかもしれませんが、これができるようになれば、少なくともストレスになるような衝突は回避できるのではないでしょうか。

もっとも、なんでもかんでも「譲れない！」というのは考えものですよ。角を立ててぶつかるのは、「ここだけはどうしても譲れない」という点に限るべきです。

「ここだけは譲れない」という信念がわかれば、それ以外は無視しても構わない些末《さまつ》なこと、ということになりますね？　些末なことだとわかれば、腹を立てたり不満に感じたりする必要もないわけですから、ぶつかることも少なくなりますよね？

要するに、自分の「ここだけは譲れない」という部分を理解するということは、小さなぶつかり合いを減らし、人間関係を円滑にしてくれる、とも言えるわけです。

自分の「絶対に譲れないもの」を理解できず、常に人と小競り合いを繰り返していると、そのうちに誰からも相手にされなくなります。どれほど能力が高くても、結果を出していても、信頼がだんだん目減りしてしまうからです。

信頼というのは、数字だけでははかれない、その人自身が作り出す価値です。

あなたが職場や家庭で心地よくいられるとしたら、多少ミスをしても大目に見てもらえるとしたら、それはあなた自身が日々稼いできた「信頼」という価値が、仲間の中に十分貯められているからにほかなりません。

ところが、**もしもあなたがそこにあぐらをかいて、信頼を失うようなことを重ねたら、当然信頼の残高は減っていきます。**「いつものことだから、みんな許してくれるよね」なんて思っていたら大間違いです。

みな表面上はそしらぬ顔をしているでしょうが、確実に信頼は減っていきます。それに気づきもせず、好き勝手をして信頼残高が減るような行動を取れば、あなたがそこで働くことも暮らすことも、ままならなくなります。

そうならないよう、信頼残高には常に注意を払いましょう。

どうでもいいことでぶつかり合いを繰り返して、周囲の人からあきれられ、信頼を失ってしまわないよう、くれぐれも気をつけましょう。

繰り返しになりますが、自分の「これだけは譲れない」というところをきちんと理解し、信頼を損ねるようなムダなぶつかり合いは、なるべく避けてください。

ここに気をつけさえすれば、ぶつかり合いはむしろプラスです。「信念がある人」と認められれば、信頼残高はグッとあがるわけですから。

人とぶつかるのは、「譲れないところ」に限定する
「譲れないもの」は何かを、自分自身で理解する
ユーモアを持って、「信頼残高」を高めるようなぶつかり合いをする

昔ながらの友人と
うまくいかなくなってしまった

人は変わるものだということを理解していますか？

「男子、三日会わざれば刮目《かつもく》して見よ」ということわざを知っていますか？

たった3日会わないだけでも、人は変わる。だからよく知った相手でも、わかった気にならないで、会うたびにその人のことをよく見なければならない。『三国志演義』に出てくる、呂蒙《りょもう》という人の言葉です。

どういう経緯から生まれた言葉なのか、簡単に説明しましょう。

呂蒙は、中国の三国時代の呉《ご》という国の武将で、武芸には秀でていたものの学識がなく、みんなから下に見られ、ばかにされていました。

そんな呂蒙に、あるとき呉の王様が勉学に励むようすすめます。王様の命令には逆らえないと、呂蒙は必死に本を読み、勉強します。すると、みるみる教養を身につけ、まるで別人のように成長を遂げます。

そんな呂蒙の姿に周囲はびっくり。彼は驚く人々にこう言います。

「人間別れて3日も経てば大いに成長します。だから次に会うときは、目をしっかり見開いて、刮目して見なければいけません」

何が言いたいか、わかりますね。

たとえどれほど仲のいい友人でも、昔からよく知っている人でも、「この人はこういう人だ」と知ったような目で見ず、そのつどきちんと相手を見て、小さな変化も見

落とさないようにしなければいけない、ということです。

あなたの場合、そこをついうっかり見落として、昔の印象やちょっと前までのつもりで、その友人に対応してしまっていませんでしたか？

だからその友人と合わなくなってしまった、うまくいかなくなってしまった、ということではないでしょうか。

たとえば、その友人が昔は大人しく控えめで、あまりものを言わない人だったとします。強く自己主張せず、どちらかというと人の言うことを「ウンウン」と聞いているタイプだったとします。

ところが、その友人がしばらく会わないうちにガラッと変わり、率先して意見を述べる人になっていたら。あなたがそんな友人に眉をひそめたり、あるいは友人の変化に気づかず、昔の調子で接しようとしたりしたら。

ぶつかったりうまくいかなくなったりするのも、当然と言えば当然ですよね。

だから、「長いつき合いでも人は変わる」ということを理解して、どれほど親しい間柄でも、敬意を持って礼儀正しく接するよう心がけましょう。

でないと、大事な友人をなくす羽目になるかもわかりません。

ただ、「こういう印象だ」と思っていた人がガラッと変わってしまったら、まあ驚きますよね。「どうしちゃったの？」と戸惑うのも無理はありません。

じつは、私にもそういう経験が何度かあります。

一番驚いたのは、私が課長だったときに入社した新入社員の男性です。彼は口数も少なく、ちょっと頼りなく見えて、「彼はビジネスマンとしてやっていけるのだろうか」と少々心配だったのですが、なんとその男性はその後、同期の中で一番早く役員になりました。

もうひとりは、小学校時代の同級生の男性。この人も当時は大人しく、目立たず、どこにいるのかわからないような人でした。体が大きいわけでもなく、特に勉強や運動ができるわけでもなく、これといった特徴もないように見えたんですね。

ところが、彼はその後、官僚になり、さまざまなところでリーダーシップを発揮するようになりました。その功績が評価され、国から勲章をもらうまでになっていました。まさに呉の呂蒙のように、彼は同級生たちが知らぬ間にぐっと成長したわけです。

私は久しぶりに同窓会でその男性と会ったとき、彼があまりにも流暢《りゅうちょう》に、快活に話すのを見て、正直に言えば違和感を感じてしまいました。別の友人から彼が勲章までもらったということを聞かされて、またまた面食らってしまいました。

いま思うと恥ずかしい限りですが、私もそのときは、彼を「刮目して」見ることができなかった。彼に対して失礼な振る舞いをしたわけではありませんが、あらためて「男子、三日会わざれば」を、痛感させられたというわけです。

ちなみに、この彼とは真逆の人もいます。

昔は成績もよく運動もできて、クラスの人気者でリーダーだった人が、同窓会で旧友たちを相手に、自分のかつての成績や秀才ぶりをひけらかす。人を下に見るような態度を取る。

当時は頼もしい、いい男だったのにと思うと、非常に残念です。どうせ変わるなら、前述した彼のように、人として成長した姿を見せて、周囲から驚かれたいものですよね。

ところで、その勲章をもらったという同級生は、そのあとなんとなくつき合いができて、私が初めて出した本の出版記念パーティーにも来てくれました。

彼は当時、縁あって航空関連の雑誌で連載を書いていたのですが、これがまた素晴らしく面白い。どこで覚えたのかとびっくりするほど文章がうまい。もしかすると作家になれるんじゃないかと思うくらい、いい文章を書くのです。

小学生のときのことを思い出すと、正直不思議でなりませんが、こういうことは大いにあることですから、やはり昔の友だちを昔のままだとは思わないほうがいい。びっくりするのは構わないでしょうが、せめて敬意を持って、「すごいね」という気持ちで接するのがいいんじゃないでしょうか。

たまに、「でも君って昔はこうだったよね」と過去をほじくり返したり、現在を見ずかつての印象で「お前ってこうだよな」などと決めてかかる人がいますが、こういう思いやりのない発言は見苦しいのひと言に尽きます。

よく変わるにしろ悪く変わるにしろ、3日もすれば人は変わると心得て、刮目して人を見るという習慣を身につけましょう。

どんなに親しい友人でも「刮目して」見る
相手がどう変化しても、礼儀正しく接する
昔をほじくり返して相手を決めつけるようなことは言わない

演技せず、「素の自分」を見せていますか？

人間は自然体でいるのが一番。他人に合わせて自分を変えても意味はない。

私は常々、そう思っています。

だって、自分らしくないことをしたって、演技してみたって、始まらないでしょう？　演技なんかしたところで、おおよその本質は見抜かれてしまいます。

おそらくあなたも、見抜かれているんじゃないかな。必死に合わせているつもりでも、人はあなたが演技して合わせていることに気づいていると思いますよ。

あなただって、誰かが演技していたらわかるでしょう？　たとえば誰かが、「はい、わかりました」と笑顔で対応していても、ちょっとした表情やしぐさから不満が漏れれば、「本当は了承していないな」って、なんとなく気づくでしょう？

言葉でうまくごまかしているつもりでも、人はそうそう騙せるものじゃありません。みな何も言わないだけで、「あの人、無理して合わせてるね」と誰もが薄々気づいているものです。

ですから、演技なんてやめましょう。疲れるほど人に合わせるなんて、よしましょう。できるだけ自然体でいることを心がけましょう。

そのほうがあなたもラクになりますし、周囲の人もラクになります。なぜかと言うと、無理して演技している人より、自然体で嘘のない人のそばにいたほうが、人は落ち着くものだからです。

もちろん、まったく人に合わせないのも問題ですよ。

言いたい放題、やりたい放題にやったら、当然人から嫌われます。自然体が大切と言っても、なんでもかんでも自分をさらすのがいいとは言いません。

ある程度の慎みを持ちつつ、まあほどほどに空気を読みつつ、自分らしく振る舞い、ものを言う。自然体というのは、そんな案配でうまく自分の「素」を出していくということが大事ではないでしょうか。

とはいえ、自然体でいるというのはなかなかむずかしいものかもしれません。「素」の自分を出したくても出せない。そういう人、けっこう多いと思います。

たとえば、政治家や企業のトップ。彼らの中には「素を出すなんてとんでもない」と考えている人がたくさんいます。むしろ、「演技してナンボだろう」と信じている人のほうが多いかもしれません。

まあそれこそ政治家や企業のトップは、本音を隠して丁々発止《ちょうちょうはっし》でやり合うのが仕事みたいなところがありますから、自然体がいいと言われても、そう簡単にはいかないのでしょう。

でも、あまりにも演技がすぎたり、嘘の応酬のようなことを見せられると、見ているほうも疲れますね。納得できませんね。信じてついていきたくとも、ついていけない、そういう気持ちにもなりますよね。

だから、本当は政治でも企業でも、トップの人はできる限り自然体でいていただきたい。そのほうが、本当は国家でも組織でも、うまく運営できるはずなんですから。

実際に、自然体で、自分流で組織経営を成功させた人は、いっぱいいます。

たとえば、パナソニックを築いた松下幸之助。彼は社員たちに本を読んで勉強することをすすめたそうですが、片やホンダの創業者である本田宗一郎は、「本なんか読む暇があったら現場に出ろ」と言っていたそうです。

両者まるで逆のことを言っていますが、どちらも一流の経営者であることに変わりはありません。何を言うかに関わらず、自然体で自分流を貫いたからこそ、どちらも社員たちの信頼を集め、組織を立派に成長させることができたわけです。

自分流ということで言えば、プロ野球の野村克也監督もそうですね。

野村監督は「長嶋や王はひまわり、自分は日本海の海辺に咲く月見草だ」と言ったそうですが、彼が演技して、長嶋監督や王監督のように振る舞ったりしたら滑稽でしょうし、チームを優勝に導くことはできなかったかもしれません。

「暗い、重い、硬い」などと言われても、野村監督は野村監督らしく、持ち味を大事に自然体でいたからこそ、いまなお名将と称されるのではないでしょうか。

ん？　「自分らしさ」がわからない？「人に合わせすぎて、自分の『素』がなんだかよくわからなくなってしまったみたい」ですって？

そういうときは、誰かと話してみたらいいですよ。

家族でも親友でも、誰か仲のいい人をつかまえて、「私って、どういう人間かな？私らしさってなんだろう？　素の私ってどんな感じだと思う？」と、聞いてみるんです。きっと、みんないろいろなことを言ってくれますよ。「あなたはこう」「君はこういう人じゃないか」って。

で、相手の言うことを受けて、ちょっと違うなと思ったら、「ちょっと違うと思う」と言えばいい。「そうじゃなくて、私はこうじゃないかと思う」と、自分で感じたことを言ってみたらいいのです。

すると、そこからいろいろ対話が始まります。「いやいや、違うよ」とか、「そうだね、言われてみればそうかもね」とか、否定にしろ肯定にしろ、ひとりでは生まれなかったさまざまな意見が出ます。

そしてそこから、「もしかしたら、自分はこうじゃないか」という「あたり」がつけられるようになるはずです。

自分らしさを知るには、自分だけで答えを出すのではなく、こうしたコミュニケーションを通して探っていくということが重要なんですね。

人からいろいろ言われると、気にしてしまうこともあるかもしれませんが、別に人の意見に一喜一憂しなくてもいいのです。**大事なのは対話を通して、素の自分を知るということなのですから。**

演技するのはやめる。慎みを持ちつつ、自分らしく振る舞う

自然体、自分流とはどういうことかを考えてみる

人とのコミュニケーションを通して「自分らしさ」を探してみよう

苦手な人や嫌いな人と、
どうつき合えばいいかわからない

人の「いいところ」に着目していますか？

「結婚前は両目を開いて見て、結婚したら片目を閉じて見よ」という言葉、聞いたことがありませんか？

これ、本当にその通りだと思います。

伴侶を選ぶときは、しっかり相手を観察して、間違いのない結婚をするのがベスト。とはいえ、いざ一緒に暮らすとなったら、当然、短所も見えるしアラも見える。だから多少のことには目をつむり、できるだけいいところを見るようにする。

要するに、片目で見るというのは、「悪いところにはなるべく目をつぶろう」ということなんですが、これ、結婚に限らず人間関係全般に言えることですよね。

人間は、どうしてもいいところより悪いところのほうが目についてしまいます。だから、一緒にいると「あそこが苦手」「ここが嫌い」となりがちです。悪気がなくても、相手の欠点をつい口にしてしまうことも多いでしょう。

でも、誰しも欠点を指摘されたら不愉快になります。気分を害してムカッとしたり、傷ついて落ち込んだりしてしまうものです。

あなただって、欠点を言われたら癪《しゃく》に障るでしょう？　些細なことでも積もり積もれば、相手を嫌いになり、信頼より不信感のほうが勝ってしまいますよね？

一方、相手がいちいち欠点を言わず、多少のアラも許してくれていたら、その人を嫌うどころか好きになりませんか？　信頼感が増して、なんとなく近づきたくなるし、仲良くしたくなりませんか？

仕事にしろ家族にしろ、気持ちよくうまくやっていくには、何より信頼が大事。信頼関係を育んでいくには、やはり相手の悪いところは目をつぶって、いいところを見るという習慣が不可欠なんですね。

私も、いまだにそれを心がけています。

たとえば、私は数年前から、娘夫婦と娘婿のご両親と三世帯同居をしてきました。ご両親に介護が必要な兆候が見えたため、一緒に暮らすことにしたのです。

一緒に暮らすといっても生活するスペースは別々ですが、たまにおしゃべりをする際は、先方が気分よく話せるよう熱心に耳を傾けました。信頼関係が深まるよう、できる範囲で、自分よりお2人の事情を優先するようにもしました。

もちろん、2人とも私と合わないところもあります。考え方や価値観がまるで違って、内心「私とはずいぶん違うなあ」と思う部分もありました。

でも、お2人とも基本的に好ましい方々です。私の娘を大事にしてくれていましたし、夫婦ともども勉強好きで、幅広い知識があり、「すごいなぁ」と感心する部分も少なくありませんでした。私の場合、これを「リスペクトに値するいいところ」として、なるべく見るようにしたわけですね。

三世帯同居を決めたときは、「大丈夫か？」と心配する友人もいましたが、結果的にケンカもなく波風も立たず、三世帯で仲良く暮らすことができたのは、「いいところを見ること」に努めたからじゃないでしょうか。

こういう話をすると、「なぜ家族にそんな気を遣う必要があるのか？」「家族との関係なんか適当にやってりゃいいじゃないか？」という人もいるかもしれません。

でも、家族も大事な人間関係のひとつです。適当に扱ったり甘く見たりすれば、関係が壊れ、常に不愉快な思いをしながら暮らすことになります。それはすなわち、幸せが遠のいてしまうことにほかなりません。

心理学者のアドラーは「すべての悩みは対人関係の悩みである」と言いましたが、まさにこの言葉通り、人生、幸せになれるか否かは人間関係にかかっていると言っても過言ではありません。

人間関係を人生のほんの一部と軽く見て、いい加減に考えるのは大間違い。

人生全般を幸せに導くかどうかを決める極めて大事な課題と心得て、家庭でも職場でも、夫婦でも同僚でも、良好な関係を築くよう努めたいものです。

「良好な関係を築くには、ケンカをしてはいけないのか」って？

いえいえ、必ずしもそうとは限りません。

特に家族や夫婦などの場合、一緒に暮らしていたら、理性が吹っ飛んでやり合ってしまうということも、もちろんあるでしょう。口論したり、反目したりして口をきかなくなることだってあって当たり前だと思います。

中には、内心では不満が溜まりに溜まっているのにケンカもせず、お互いに無視し合うという人たちもいますけど、私に言わせれば、そっちのほうがよっぽどよくない。どちらかがどちらかに服従するような関係も、ハッキリ言って考えものです。

もちろん我慢も必要ですが、信頼を深めていく過程では、ぶつかってケンカして仲直りして……という波風も、ある程度必要なのではないでしょうか。

ただし、これはあくまで家族や友人関係などの話です。仕事では、基本的にケンカは避けるべきです。少なくとも私は、ケンカは絶対にすまいと決めていました。

というのも、家族ならある程度、性分がわかっていますから、相手とケンカをしても仲直りができます。よほどのことがない限り、取り返しのつかないことにはなりません。

ところが、仕事だといろいろな人がいますから、そうもいきません。ケンカしても根に持たない人ならいいですが、そうでない場合、のちのち厄介なことになりかねません。そう考えたら、仕事では正面切ってケンカせず、相手の考えを読むなりそれに応じて出方を考えるなり、戦略を練って渡り合ったほうがいいのです。

もっとも、相手が決められたことをしないとか、約束や時間を守らないとか、あまりにも非常識な場合は別です。

会津藩の教えじゃないですが、組織には「ならぬものはならぬ」というルールがある。そのルールさえ守れないのは社会人として問題ですから、ケンカする以前に、しかるべき部署や上に報告するなりして、理性的な解決を試みましょう。

家族間でも「いいところ探し」を徹底する
人間関係は人生の重要課題と心得て、信頼関係の構築に努力する
仕事では絶対にケンカはしない、非常識なケースは上に相談する

どうしてもライバルの存在が
気になってしまう

一歩引いてみると、それは無意味な時間だと思いませんか？

ライバルが気になるのは、悪いことじゃないですよ。切磋琢磨《せっさたくま》できる存在がいれば、ひとりでがんばるより成長できますからね。

ただ、あまりに気にしすぎるのは無意味です。仕事でもライフイベントでも、「勝った」「負けた」と一喜一憂するのは本当にムダですよ。

まあ若いうちはそういうこともあるでしょうけど、何年たっても、いくつになっても気になって仕方ないのだとしたら、ライバル云々《うんぬん》以前に、もう一度自分のすべきことや、やりたいことを見つめ直してみる必要があるのではないでしょうか。

ライバルのことなんか忘れるくらい必死に、真剣に、「自分の目標は何か」「目指すべきところはどこか」を、とことん考えてみるのです。

そりゃ、ライバルに仕事で先を越されたら、悔しいですよね。相手が自分より先に何かを手に入れたとか、いい思いをしたと聞けば、心が揺れるのもわからなくはありません。

でも、間違っても相手の足を引っ張ったり、誹謗中傷《ひぼうちゅうしょう》して貶《おとし》めるような真似をしてはダメ。そういうことこそ、無意味、ムダ。そんなことに使う時間を、もっと有意義なことに振り向けたほうがいい。

あなたには、まだあまり実感が湧かないかもしれませんが、人生の時間には限りがあります。この限りある時間を無意味なことに費やすのは、本当にもったいない。だからできるだけ、有効に使うことを考えてほしいのです。

これまでにも何度か話しましたが、タイムマネジメント（時間の管理）の極意は、何が重要かを正しくつかむことです。

ピンからキリまであるもののうち、さして重要でないものはやめるか短時間で済ませるかして、肝心要《かんじんかなめ》のものは時間をかけて完璧にやる。**タイムマネジメントとは時間そのものの管理ではなく、仕事（やること）を管理するということなのです。**

これは人生においても同じです。

よく「断捨離《だんしゃり》」という言葉を聞きますが、これは文字通り「断つ」「捨てる」「離れる」ということ。重要でないものは断ち切って、捨てて、そこから離れてしまいなさいということです。

人間、何年も生きてくると、いろいろなものを持つことになりますよね。大して必要でないものも、たんまり抱え込んだまま生きていますね。

こういう状態でいると、何が重要なのかがわからなくなります。重要なものの優先順位もつけられなくなります。そして本当に重要なものがおざなりになり、どうでもいいものにばかり時間やエネルギーを費やすことになってしまうのです。

言うまでもありませんが、どうでもいいことに時間を費やしていたのでは、当然有意義な時間もすごせませんし、楽しい人生も送れません。つまり、豊かな人生を送りたければ、余計なものやムダなものを捨てて、身の回りを整理しなければならない。これが断捨離の考え方なわけです。

ただ、この断捨離、人によっては困難です。経験や知識が豊富な人でも、必ずしもうまくできるとは限りません。

たとえば、前にお話しした私の娘婿のお母さんは学ぶのが好きで、素晴らしい経歴をお持ちの方なのですが、いかんせんものが捨てられない。

これまで買い溜めた本や雑誌はもちろん、引き出物、もらい物、使わなくなった茶碗や皿、子どもたちが使っていたおもちゃ、過去の光熱費の領収書からちょっとしたメモ書きに至るまで、驚くほどなんでもかんでもとっておくのです。

私たちと同居する際、思い切ってだいぶ処分したのですが、それでもまだあり余るほどの段ボールの山。もう理屈抜きに、捨てることができない性格なんですね。

まあこういうタイプの人もいるということですが、私から言わせれば、やはり断捨離ができる人になるにこしたことはありません。

こういうことは若いころからの習慣も大きいでしょうから、あなたにはいまから、重要でないものとそうでないものの区別をつけて、「いらないものは迷わず捨てる」という習慣を身につけていただきたいところです。

では、断捨離の習慣をつけるには、具体的にどんなことをしたらいいか？

手始めにすすめたいのは、身の回りのものを定期的に整理するということ。

私の場合、そもそも着るもの、被るものはあまり持っていませんし、何かをコレクションする趣味もないので、ものはとても少ないほうですが、本だけはどうしても溜まります。同じ本を2度買ってしまうこともあります。

本はどうしても捨てづらく、若いころはずいぶん溜めてしまったこともありましたが、ここ10年ほどは蔵書は１０００冊と決めています。新しい本を買ったら、同じ冊数分だけいらない本を捨てるようにしています。

おかげで本を探し出す時間が短縮され、「あの本どこだっけ？」といちいち見つけ出すストレスも解消されました。

また、飲み会や同窓会も選ぶようにして断捨離しました。もちろん二次会も行きません。

これは時間だけでなくお金も省けるので一石二鳥です。最近は新型コロナウイルスの感染拡大の影響で夜の宴会もだいぶ減っているようですが、時間とお金の使いすぎを見直せたという人も多いかもしれませんね。

ところで、新聞を読むのも、重要かそうでないかを見極めるトレーニングになりますよ。興味のない記事は見出しだけを読み、自分に必要なところだけをじっくり読む。読むというよりは、眺めるという感覚で紙面を追うわけです。

こんなふうに「これはいる、いらない」とやっていくと、自分にとって重要なものだけを拾えるようになり、ムダなものは捨てられるようになっていきます。いずれは無意味なライバル意識も焦りや劣等感も、解消されていくんじゃないでしょうか。

「ライバルに一喜一憂」は時間のムダ遣い、やめる！

断捨離を通じてタイムマネジメントを考える

もの、飲み会、普段の習慣など、省けそうなものをリストアップしてみる

第6章

いまの自分に疑問を持ったら

物事をつい悲観的に考えてしまう

いろいろなことに期待しすぎていませんか？

手間のかかる問題や、先行きの見通せない出来事に直面すると、誰しも「困ったなあ」「大丈夫かなあ」と思うものですよね。心配になったり不安になったり、つい悲観的に考えてしまうということもあるかもしれません。

とはいえ、ことあるごとに悲観的に、悪いことばかり考えてしまうというのは、やはり建設的とは言えません。

結果がどうあれ、「どうしよう」「心配だ」と悲観的に考えるより、「大丈夫」「なんとかなる」と楽観的に考えるほうが、気持ちもあがりますし、ストレスも溜まりません。仮に残念な結果に終わったとしても、「よし別の手を考えよう」「次へ行こう」と前向きにもなれます。

じゃあ、物事を楽観的に見られるようになるには、どうしたらいいか？

そのためにはまず、**「期待しすぎる」のをやめることです。**

期待するというのは、「こうして（こうあって）ほしい」と、何かをあてにして待つということです。こういう気持ちが強すぎると、外れたり裏切られたりしたときの落胆も当然大きくなり、不安や不満も大きくなります。

一方、期待しすぎるのをやめると、「ともかくできることをやろう」という気になります。「人の力を借りよう」「別の方法も試してみよう」などといった幅広い考えも生まれます。執着がなくなって、柔軟にいろいろやってみようという気持ちが出てくるわけですね。

ん？「期待するな」というのは、「希望を持つな」ということかって？

いいえ、そんなことはありませんよ。期待しないというのは、人を信頼するなということでもないですし、何もかも疑ってかかれというのでもありません。

言ってみれば、**物事や人と一定の距離を置いて、理性的に、冷静に見てみる、**ということでしょうか。

期待しすぎている状態というのは、得てして周りが見えなくなっているものです。独りよがりになっていたり、配慮が足りなくなっている場合も少なくありません。これは決していいこととは言えませんよね？

要するに、期待がすぎるのは、自らを八方塞《はっぽうふさ》がりに追い込むようなもの。だから期待通りにいかないと、「どうしよう」「もうダメだ」と悲観的になってしまうわけです。

『幸福論』を書いたフランスの哲学者アランは、こんな言葉を残しています。

「悲観は気分のもの、楽観は意思のもの」

悲観は漠然とした気分から生まれ、楽観は「こうしよう」「これをやろう」という意思から生まれるものだというのです。

悲観でものを見ると、「どうせダメだ」「できっこない」という気分に心が覆われ、何かをやろうという意欲が失せます。「もうダメ」と思ったとたん、自分で自分の目標や可能性を捨ててしまっているとも言えます。

一方、楽観でものを見るというのは、「絶対大丈夫、自分はできる」と自らの可能性を認め、目標を持ち、それが自分の意思になるということです。楽観と聞くと、物事を甘くお気楽に見ることのように感じられるかもしれませんが、必ずしもそうではありません。

たとえば、第二次世界大戦期のイギリスの首相だったウィンストン・チャーチル。彼は第二次世界大戦中、ドイツ軍に追い詰められて窮地に陥っても決してあきらめず、国民を鼓舞し続け、ドイツ軍の猛攻に耐え抜いたと言われます。

チャーチルは自伝の中で、こんな言葉を残しています。

「私はイギリス最大の楽観主義者である。ナチスとの戦争の際、イギリス中が負けると思って悲観していたときに、私ひとりが楽観していた。絶対に勝つ、絶対にナチスに勝つと私は言い続けて勝った。楽観主義というのは決意表明になるんだ」

チャーチルはピンチになっても悲観せず、「絶対に大丈夫」という楽観を貫き、何がなんでも勝つという揺るぎない意思を持って臨んだ。そこから冷静に戦況を見極める目が生まれ、あれこれ作戦を練るなどの知恵も湧き、ドイツ軍を打ち破ることができた、というわけですね。

もっとも、楽観がいいと言っても、根拠のない自信でもって楽観するのはいただけません。なんとなく「大丈夫だろう」は、それこそただの気分です。気分だけでは、チャーチルの言う決意表明にはなりません。

楽観は、あくまで自分の立ち位置やいま起こっていることの意味、その背景などをきちんと理解してこそ、いい結果をもたらすのです。

楽観で行くには、目標を持つことが不可欠です。手の届かないような遠大なものではなく、ちょっと背伸びすればチャレンジできそうな目標がベストです。

私は、人間は幸せになるために生まれてきたと思っています。

もちろん、何が幸せかは人それぞれです。お金持ちになるのが幸せだという人もいれば、家族仲良く暮らすのが幸せだという人もいる。趣味に没頭しているときが一番幸せだという人もいる。その幸せから落とし込んで、それぞれの幸せをかなえるには何をしたらいいか、具体的な目標を決めていくわけです。

で、目標が定まったら、あとは必要な努力をする。何かを学ぶ、人に聞く、あるいは自分の悪いところを直すようトレーニングする。

そのためには苦労することもあるでしょうし、時には挫折を覚えることもあるかもしれません。でも、目標があれば、「絶対に大丈夫」という楽観が芽生え、悲観に引っ張られずに済むのではないでしょうか。

期待しすぎない、距離を置いて物事や人を冷静に見る

「絶対大丈夫」を念頭に、自分の立ち位置や状況を整理し理解する

幸せになるための目標を設定してみる

「多様な考え方」が可能性を広げることを知っていますか？

自分の成長がなかなか実感できない。

いつまでたっても未熟な気がする。

それなりにがんばってはいるけれど、どうも手応えがない。

そんなふうに行き詰まりを感じたときは、新たに習い事を始めてみるとか、いろいろな職種の人たちの集まる勉強会に参加するなど、いつもと違った環境に自分を置いてみたらいいと思いますよ。

そういうことをしてみると、これまで出会ったことのないような人と知り合えます。経歴だけでなく、考え方や価値観の異なる人と触れ合えます。さまざまな考え方や価値観を知ることで、自分の考えややり方を振り返ることもできます。

いつも同じ職場で同じような考えを持った人たちとばかり接していると、ものの見方や考え方がどうしても凝り固まります。成長が滞り、人として伸び悩んでしまうということもあります。

そこを打開するには、新しい何かを始めるなり人と出会うなり、多様な価値観や考え方に接すること、すなわち「ダイバーシティ」が必要です。

ダイバーシティについては、確か第2章で触れましたね。

ダイバーシティとは、性別や人種、宗教や価値観などの違いを認め、多様な人々が持つ可能性を、社会や企業経営の中に活かしていくという考え方だと話しましたが、特別大それたものではなく、自分と違う分野で働いたり活動してきた人と接点を持ち、「なるほど」「そういう考えもあるのか」と関心を持ってみることだと思えばいいでしょう。

自分とは違う人たちと交流すると聞くと、「合わなかったらどうしよう」などと不安に感じるかもしれませんが、案外楽しく、有意義です。普段聞けない話が聞けたり、新鮮なアイデアをもらえたりするなど、自分にとっていいこと尽くめです。

たとえば、私は40代のときに、浩志会という異業種交流会に参加していたことがあります。企業だけでなく、各省庁からも参加者が集まるバラエティ豊かな勉強会です。毎回さまざまな課題を取りあげて意見交換をするのですが、「なるほど、おたくの会社ではそういうやり方を」「うちではこうですけど、そのやり方はいいですね！」などざっくばらんに話し合えて、その会はいつも大盛りあがり。集まって話をするだけでなく、時には工場見学をするなど、現場を視察し合う取り組みも行われました。

中でも私にとって印象的だったのは、自衛隊の体験研修です。自衛隊の合宿に参加して実際に訓練を体験するもので、匍匐《ほふく》前進をやったり戦車に乗ったり、野外で料理をしたり野外の風呂に入ったりしました。

サラリーマンにとっては本当に別世界で、人によっては「怖い」「しんどい」と思うかもしれませんが、「そういう世界もあるのか」という気持ちで臨むと、またとない貴重な体験になるのではないでしょうか。

多様性を認め合う、違うところを認め合うというのは、社会にとっても組織にとっても極めて重要です。というか、なくてはならないと言っても過言ではないかもしれません。

なぜかと言うと、違う意見が出ると、そこにある常識とぶつかります。ぶつかることによって、その常識が正しいかどうかの検証が行われます。正しくなかった場合、よい方向に軌道修正しようという動きが生まれます。要するにダイバーシティは、人々が誤った道に突き進むのを防ぐ役割を果たしてくれるわけですね。

会社でも国家でも、とかく組織は「モノカルチャー」になりがちです。単一のやり方、単一の価値観、単一のものの見方で、組織を動かしたがります。

確かに、すべてを一本化すれば、物事は早く動きます。スピード経営ができて、そのときは成果もグンと伸びるかもしれません。

でも、長い目で見た場合、結果につながるかどうかは疑問です。迅速にものが決められていくというのは、一見すると力強く、そのときはわあっと盛りあがりもしますが、万が一方向性を間違えようものなら、軌道修正が効かず、とんでもないマイナスをもたらしてしまうからです。

このことは第二次世界大戦を考えてみても、よくわかりますね。当時の日本は、軍が内閣を牛耳《ぎゅうじ》ったり満州で事件を起こしたりするなど、明らかにまずい状態になっていた。戦況がどんどん不利になり、まだ年端《としは》もいかない少年たちを特攻隊で死なせるような事態にまで陥っていた。

これ、普通に考えたらおかしいですよね。狂っているとしか思えません。

しかし、当時は戦争一択で、誰もそれがおかしいとは言わなかった。それ以外の選択肢がない状況になってしまっていた。多様性が認められない状態というのは、かくも恐ろしい出来事を招きかねないということなのです。

これは考えてみたら、組織に限ったことではないかもしれません。人はそもそもダイバーシティが苦手かもしれません。

誰しも自分と反対の意見を言われたら、抵抗を感じたり反感を覚えたりしますよね？　夫婦でも親子でも、自分が考えもしなかった提案をされたら、戸惑ったり意見を聞き入れなかったりしてしまいますよね。

納得して受け入れようにも、時間がかかる。時間がかかるから面倒くさい。だから異なる意見なんかないほうがいい。そう思ってしまいそうですよね？

人は違う考えや意見を受け入れがたいものです。でも、人も組織も成長するには、やはりぶつかり合いが欠かせません。これがあるからこそ、間違いを正し、より幸せな方向へと歩んでいくことができます。

だからあなたもぶつかり合いや摩擦を恐れず、自らの人生に積極的にダイバーシティを。多様な意見に揉まれれば、いつしか「自分は未熟」という悩みも解消されるのではないでしょうか。

新しい習い事、異業種交流会などに参加する
同じ意見でまとまってしまうことに疑問を持ってみる
受け入れがたい意見ほど、時間をかけてよく考えてみる

社会で生きていくには
「厳しさ」が必要だと思う

「厳しさ」より「優しさ」を大事にできていますか？

「強くなければ生きていけない。優しくなければ生きる資格がない」

アメリカの作家、レイモンド・チャンドラーの小説に登場するフィリップ・マーロウの有名なセリフです。

このセリフによれば、強さも必要だけど優しさのほうが大事だと、優しさは強さに勝ると、そんなふうにも聞こえますね。

じつは、同じようなことを別の人も言っています。

ひとりは論語の作者である孔子。彼は人が守るべき教えとして、「仁（愛）、義（正義）、礼（礼儀）、智（知恵）、信（信頼）」をあげていますが、中でももっとも重要なのが仁、愛や思いやりを持つのが一番だと説いています。

一方、「経営の神様」と呼ばれたピーター・ドラッカーは、経営に欠かせないのは真《しん》摯《し》さだといい、真摯さに欠けた人をリーダーにしてはいけないと言っています。これは見方を変えれば、思いやりや誠実さを大事にしなさい、ということですよね。

要するに、三者そろいもそろって、「優しさ、思いやり、誠実さを大事にしなさい」と。

これはもう、厳しさより優しさが大事だと、優しさがいいんだと、世の中そういうものだと、そう理解したくなるところですね。

でも、私の意見はちょっと違います。

優しさも思いやりも誠実さも、もちろん重要ですが、強さのない愛、ただ優しいだけの思いやりや誠実さではダメだと思うのです。

私の好きなマラソン選手に、新谷仁美《にいやひとみ》という人がいます。昨年、女子1万メートルで日本新記録を出した選手です。

彼女は非常にハッキリとものを言うユニークな人で、自分はそれまでの記録を抜き、新記録を作ると試合前に宣言します。そして宣言通り、見事に新記録を打ち立てて見せます。

このとき彼女は、次のような発言をしています。

「私は横田（真人《まさと》）コーチの指示に従って練習しました。彼は鬼コーチです。ケンカもしました。でも、コーチの言うことは納得できる。当たってる。だから思い切って彼の言う通りにやりました。だから記録を出せました。出せなかったら、コーチのせいだと思いました（笑）。イヤなところもあるけど、私はコーチを尊敬しています」

おそらく、横田コーチは厳しかったのでしょうね。優しい言葉やほめ言葉を言うより、キツいセリフのほうが多かったのかもしれません。

でも、結果として新谷選手は新記録を出した。ケンカしながらも最後までコーチを信頼し、目標を達成してみせた。それはコーチの厳しい指導の中に、強さに裏打ちされた愛があったからにほかなりません。

もちろん、ただ厳しいだけではダメだと思います。怒鳴って叱ってばかりだったら、新記録どころかやる気も失せてしまったに違いありません。

ただ強いだけじゃない、ただ優しいのでもない、強さがあっての優しさ。

愛や思いやりが大事にしても、ここを忘れてはいけないのではないでしょうか。

強さというのは、「ひたむきさ」と言い換えてもいいかもしれません。

ひたむきさというのは、たとえば「その人に向き合おう」「物事の現実を知ろう」という、真剣で必死な気持ちのことです。

私は、人はみなそうしたひたむきさを持つべきだと思うのです。

それは仕事で言えば、自分の会社や部下に対して、愛情を持つということです。愛情を持って、仕事や周囲の人々に向き合うということです。

そういう姿勢で見ると、これまでと違った気づきが得られます。真正面から相手を見て、相手を理解しようと努めて関われば、どういう関わり方をすればいいか、どんなやり方で臨めばいいか、おのずとわかってきます。ひたむきな気持ちでやれば、考えはいくらでも出てきます。

ちょっと大げさかもしれませんが、「魂で知る」とでも言うのでしょうか。魂というのは愛情に通じるもので、愛情を持って向き合えば、理屈ではなく魂で相手を理解できる。そんな気がするのです。

愛情で、魂で理解しようとすれば、話し合いをするときも、自分が話すより相手の話を聞こうとします。相手が混乱して、何を言っているのかよくわからない話ぶりでも、「ああ、こういうことが言いたいんだな」と察知できるようになるはずです。

誰かのことを知るというのは、要するに話を聞く、その人の言葉に黙って耳を傾けるということなんですよね。

ただ、誤解のないように言っておくと、ひたむきになるというのは、一方的に、相手のためだけに尽くしなさい、ということではありません。**基本は、あくまで自分のため、相手のためが自分のためになるという前提**だと考えてください。

ひたむきに向き合うと、自然とコミュニケーションはスムーズになります。やりとりがスムーズになれば、仕事でもプライベートでも、何事も効率よく運びます。それは自分も相手もうまくいき、幸せになることにほかなりません。

いまリモートワークが増えていると思いますが、これは愛情を持って、ひたむきに部下と向き合える絶好のチャンスです。

リモートワークでは、リアルに比べて、仕事の設計や進め方、困っていることはないかなど、ずっと細やかにケアができます。リアルではいい加減に済ませてしまいがちなフォローアップも、ていねいにやることが可能です。

リモートだと、実際に見られない分、部下に対する管理を厳しくしなければ、などと思うかもしれませんが、愛情のない向き合い方では部下はやる気をなくすだけ。

リアルでもリモートでも、ひたむきに相手を知ろうとする姿勢があればこそ、コミュニケーションは豊かになるのではないでしょうか。

「優しさと強さをあわせ持つ」ということを考えてみる

仕事も家族も、「ひたむきさ」で向き合ってみる

「愛と厳しさ」を、リモートワークに活かしてみる

「チャンスをつかむ準備」ができていますか？

運不運というのは、人の力ではいかんともしがたいところがあります。

だから一概に、「こうすれば運が呼び寄せられる」とは言えません。

ただ、私自身の経験から、確実に言えることがひとつあります。

それは、**準備ができていない人のところに幸運は舞い込んでこない**。何かあったらパッと飛びつける準備があればこそ、幸運の女神の前髪をつかむことができる、ということです。

私はこれまで、あなたに何度か、目標を持つことの大切さを話してきましたね。

自分にとって幸せとは何か。その幸せをかなえるには具体的に何をしたらいいか。そのためにはどういう努力をしたらいいいか。

仕事でもプライベートでも、常に目標を持ち、やるべきことがわかっていれば、何がやって来てもブレずに済む、そんな話をしましたね。

このように目標が定まっていて、自分のやり方ややるべきことがあらかじめわかっていれば、あなたの目の前にチャンスが巡って来たとき、即座に「これだ!」と捕まえることができます。「それなら自分が」と迷わず手をあげられます。

一方、目標も持たず、やり方もやりたいこともわからなかったら、チャンスが巡って来ても見逃してしまいます。目の前でいいことが起きていても、「何か起きているなあ」くらいでやりすごしてしまいます。

そして、しばらくたったあとで、「しまった、あのとき手をあげていれば」と後悔し、「自分は運がない」となってしまう。要するに運がないというのは、準備していないがために運をつかみに行けない、ということなのです。

ですから、強運になりたければ、ともかく準備を。

準備万端整えて、いざチャンスがやって来るそのときに備える。

「運も実力のうち」とは、そういうことを言うのではないでしょうか。

もちろん、準備を整えていても、肝心のチャンスがなかなか巡って来ないこともあります。こればかりはどうしようもありませんから、ひたすら待つしかありません。

ところが自分なりに準備をしていると、チャンスが向こうからやって来るというケースがしばしばあります。まるでタイミングを見はからったかのように、どういうわけかいい話が飛び込んでくるのです。

東レ初の海外駐在員になった、ある女性社員の話です。

私が営業課長に赴任したとき、この女性は自ら海外勤務を願い出ました。

いまでこそ女性の駐在員なんて普通にいますが、当時は前例がありません。いくら希望を出しても、これまでの上司は彼女の願い出を受け入れなかったわけですが、私は彼女の能力と並ならぬ熱意を認め、香港に駐在させる判断をしました。比較的日本に近い香港なら、会社もご家族も心配しないだろうと思ったのです。

しかし、周囲は猛反対です。「女の子を海外に出すなんて、何かあったらどう責任を取るんだ」というのです。

まあ会社の心配もわからなくはありませんが、これからは女性も海外に出る時代です。事実、よその会社では当たり前のように女性社員が海外で活躍していました。私はそう言って関係者を説き伏せて、その女性の海外赴任を決めたのです。

すると彼女は、海外赴任が決定したとき、私にお礼とともに、次のようなことを言いました。

「私はずっと海外で働きたかった。そのための努力も準備もしてきた。でも、いままでの上司の下では、海外赴任なんて絶対に無理だと思っていた。でも佐々木さんが上司になったとき、これはチャンスだと思った。だから思い切って相談したんです」

要するに、準備を整えて待っていたら、私という「幸運の女神の前髪」がやってきた。彼女はそれをグッとつかんだというわけです。

中には、せっかく準備していても、いざチャンスが来たとたん、腰が引けてしまう人もいます。「私なんて」「やっぱり無理かな」と及び腰になってしまうのです。

でも、チャンスがやって来たときは「私なんて」とは思わないほうがいいのです。自信を持って、強気でエイヤッと飛べばいい。準備さえできていれば、万一うまくいかなくても、またあがってくることができるはずです。


じつを言うと、私自身も似たような経験があります。30代で、それまで勤めていた大阪本社から、東京本社への異動を決めたときです。

当時、私には「会社をいまよりもっとよくしたい」という目標がありました。そのためには出世しなければと考え、自分を磨き、業績を伸ばす努力を重ねていました。

そんなとき、当時一緒に仕事をしていた常務が社長になり、その社長から東京に来るよう声がかかりました。会社の改革のため、大がかりなスタッフの入れ替えが進んでいたのです。

しかし、私には肝臓病で3年間入院していた妻がいたため、異動は無理だろうという意見があがりました。そして社長から、「異動できないかどうか、奥さんの主治医と相談して決めなさい」と指示がありました。

そこで主治医に相談すると、「東京に移っても問題ない」と。私は思い切って東京への異動を受けました。そしてその後、社長のもとで働き、出世街道を駆けあがり、取締役に上り詰め、自分の目標に近づくことができました。

「やっぱり心配だから大阪にいよう」「慣れた大阪にいたほうがラクだ」などと弱気にならなかったから、「よし、やってみよう！」と強気に前のめりで行けたからこそ、運をつかむことができたわけです。

残念ながら途中で左遷されましたけど、左遷後は長年書き溜めてきたことをもとに本を書きました。作家になろうと思っていたわけではありませんが、結果として、手帳に書き留めていたものが物書きとなる準備になりました。

運はまさに準備が運んでくる。私の人生がまさにそれを証明していますね（笑）。

自分はどんな「準備」をしたらいいか、書き出してみよう

チャンスがやって来たら、弱気にならず迷わずつかむ

ともかく几帳面に記録をつける、それがやがて準備になる

何に対しても前向きになれず、
気力が湧かない

心に「希望の灯《ともしび》」を持って生きていますか？

つらそうですね。何か、大変なことがありましたか？

毎日がしんどくて、朝起きる気力さえないような状態ですか？

だとしたら、いますぐにでも、誰かに「つらい」ということを伝えましょう。

もしも「つらい」と言えないのであれば、「ちょっと話がしたい」でも構いません。

信頼できそうな誰かに電話して、「聞いてもらいたいことがある」ということを話してみましょう。

相手は家族、友人、あるいは会社の上司でもいいと思います。「この人なら聞いてくれそうだ」という人に話したら、気持ちがラクになります。話さないよりは話したほうが、心の持ちようがずっとよくなるはずです。

誰かに話したところで問題が解消されるわけではないですし、あなた個人の悩みを他人が１００％理解できるわけもないでしょうが、溜まったものを少しでも吐き出せれば、気力が復活します。気力が多少戻れば、自分がどの程度悪いのか、どのくらい困っているのか、冷静になって考えてみることもできます。

そうすれば、次第に解決の糸口も見えてくるのではないでしょうか。

悩んでいるのを人に知られるのはみっともない？　弱さを見せるのはかっこ悪いんじゃないかって？

いいえ、みっともないことなんてありませんし、かっこ悪いこともありません。だって、世の中を見てみてください。いまはカウンセリングでも心療内科でも、心の問題を相談する場がいっぱいあるでしょう？　そういう問題に対処する公的機関や非営利団体も山のようにあるでしょう？

そのくらい、世の中は悩んでいる人であふれているんです。だから自分だけが弱い、かっこ悪いなんて気にする必要は、これっぽっちもないんですよ。

実際に私がいた東レでは、週に2回専門家のアドバイスを受けられる「心の相談室」という日があって、メンタルの悩みを抱える社員はそこに通っていました。相談に行ったことが社内に伝わらないシステムになっていたため、みなあまり心配することなく、カウンセリングなどを受けていたようです。

つまり、一企業がそうしたシステムを設けるくらい、誰もが人には話せない心の悩みを持っている、ということなんですよね。

かく言う私も、仕事に看病に家のことにとあまりに忙しく、パンクしそうになったことがあります。

重いうつ病を患《わずら》った妻が、私の都合などお構いなしに何度も会社に電話をかけてよこしたり、家に帰れば、障害のある息子が取り留めのない話を延々してきたり。そこへきて、転勤やら引越しやらが重なったり。

重要な仕事があるというのに、なぜこうもやらなければならないことが押し寄せるのか。「もういい加減にしてくれ」と投げやりになりそうになったことが何度かありました。

こういうとき、私はよく会社の帰り道で一杯引っかけながら帰りました。

家の近くで缶ビールを買って、グビグビ飲みながら「ああ、今日も疲れた！」「毎日大変だけど、まあなんとかなるさ！」と自分で自分を励ましながら、のんびり家路をたどるのです。

そして夜寝る前も、少しだけお酒を嗜《たしな》んで、いい感じで酔ったところでパタンと寝る。言ってみればちょっとだけお酒の力を借りて、その日その日のストレスを、できるだけ前向きに発散するわけですね。

ただし、嫌なことを忘れようと、泥酔するほど飲むのはダメ。今日の自分をねぎらって、疲れを癒すくらいにほどほどに飲む。こういう案配で飲めば、お酒はあなたを元気づける味方になってくれるのではないでしょうか。

あと、私は体を動かすのが好きだったので、ストレスが溜まるとよくジョギングをしました。映画も大好きなので、時間を見つけては、テレビで録画した作品を観たりもしました。

こんなふうに、ストレスは何かの力を使って発散するに限ります。運動や映画だけでなく、音楽を聴く、ダンスをする、スポーツを観戦する、好物を食べに行く、好きな風景を見に行くなどなど。

要するに、**ちょっとした楽しみを、つらい現実からいっとき退避できる逃げ場のようなものを自分に作ってあげる。それもひとつだけでなく、複数。**ひとつがダメでもこっちがあると、逃げ場も保険をかけておくのが大事なんですね。

それでも気持ちが癒されないときは、どうしたらいいか？

私はそういうとき、本の力を借りました。最もつらいときに私を支えてくれたのは、ユダヤ人精神科医のヴィクトール・フランクルが書いた『夜と霧』（みすず書房）です。

フランクルはナチスの強制収容所に入れられ、仲間のユダヤ人が次々と死んでいく中にあっても、「自分は絶対に助かる」「生きてここを出るんだ」という気持ちを強く持ち続けました。想像を絶するような過酷な状況にあっても、彼は決してあきらめず、ついに生きて収容所を出るという望みをかなえます。

いったいなぜ、フランクルは生還することができたのか。それはほかでもない、「必ず生きてここを出る」という希望を失わなかったからです。

私はこの本を読んで、「人間、希望を失ったら何もかも終わりなんだ」と痛感しました。そして、心が絶望で覆われそうになったとき、何度もこの本を読み返し、「希望さえ失わなければ道は開ける」と自分自身に言い聞かせました。

だからあなたも、フランクルのように、心に希望の灯を燈《とも》し続けてください。どんな中にあっても、何かの力を借りつつ、どうか心に希望の灯を。

希望がある限り、夜はいつか終わるのですから。

つらいときは、信頼できる誰かに対面や電話で話してみる

ストレス発散させるものを複数持つ

『夜と霧』など、希望の灯を与えてくれる本を読む

最後に

いかがでしたか？　「1行の問いかけ」は？

私からのアドバイスを参考にしつつ、自分なりの答えが出せたでしょうか？

この問いかけは、誰かに聞かれて答えるのではなく、自分で問いかけて自分で答えを出す、「自問自答」が基本です。

そして、機械的に答えを当てはめるのではなく、ひとつひとつの問いを前向きに考えながら、「結局、自分は何者なのか」「自分はどういう働き方をしたいのか」「どういう生き方をしたいのか」を、自分に問うていくのがベストです。

すべてに真剣に答えていくと、これまで見えなかった何かが見えてくる。

そんな結果が得られたら、自問自答は成功と言えるのではないでしょうか。

こういう問いかけは、折に触れて、繰り返しやるといいと思います。

たとえば私は40代のころ、年末年始に「自分は来年、どんな考えで、どういうことをしたいのか」を自らに問いかけ、それをもとに目標を定め、具体的にやることをA４用紙１枚にまとめる、ということをやっていました。そして、それを部下や上司にも示し、共有するようにしていました。

そうすると責任が生まれますから、より本気でやろうとします。

本気でやれば成長しますし、おのずと自分自身が磨かれます。

さらに、１年後にそれを見返してフォローアップすれば、反省するなりさらに発展させるなり、より高い目標を目指すことも可能になります。

まあ本書の自問自答は、他人と共有しなくてもいいのですが、定期的に書いて、見て、振り返ってを実行すれば、「ただやってみただけ」で終わらない、血肉になる自問自答が期待できるのではないでしょうか。

ところで、本書の問いかけの中には、自分だけでは答え切れないものもあると思います。そういう問いかけにぶつかったら、自分ひとりで悶々と考えず、誰かに相談してみてください。

自問自答は大事ですが、たったひとりではどうしても限界があります。そのときは、家族でも友人でも、同僚でも上司でも、信頼できる誰かの力を借りて、ともに答えを出してみるということも大事です。

もちろん生身の人間だけでなく、ヒントを書物に求めてもいいでしょう。実用書ばかりでなく、できれば文学や哲学や歴史。ちょっと敷居が高い、読み応えのある書物は、人生のよき師となってくれる場合も少なくありません。

読者のみなさんの多くは、いままさに働き盛りと想像します。抱えている悩みや苦しみも、仕事に関わることが多いと思います。結果を出すこと、お金を稼ぐことに日々悩まされ、思い通りにならない数字に一喜一憂している方も少なくないことでしょう。

でも、働くことの本質は、結果を出すこととか数字を出すことだけではありません。それも重要なことに違いはありませんが、それは目先のことにすぎません。そこに囚われると、結果的に「つらい」「苦しい」だけで終わってしまうことになりかねません。

では、働くことの本当の意味は何か？

それは**自分を磨くこと、社会に貢献すること**。

労働を通して人間性を高めることが、働くことの真の意味です。そこをブレずにやっていけば、本当は結果も数字もついてくるはずなのです。

何か理想論を述べているように思われるかもしれませんが、どうかここを真剣に、繰り返し考えるようにしてください。

そうすれば、あなたの働き方はきっと変わります。働き方が変われば、得られなかったものが得られるようになります。

そうやってブレない軸を打ち立てて仕事に臨めば、数字や結果に一喜一憂しない、地に足のついた働き方がわかってくるのではないでしょうか。

一方、現代は働くことだけが生きがいになる時代ではなくなりました。

かつてと違い、いまは長時間労働が必ずしも会社の成長には結びついていません。いくら仕事が大事とはいえ、家族やプライベートをないがしろにするような働き方は、やはりおすすめできません。

仕事では、大変なことが次々と訪れます。充実感や達成感もある反面、「つらい」「逃げたい」と思うことも多々あります。仕事大好き人間の私でさえ、そういう思いをしばしばしたものです。

でも、投げ出さずにやってこられたのは、私の場合、やはり家族がいたからです。家族がいてくれたおかげで精一杯努力し、自分が磨かれたと言っても過言ではありません。

煩わしいことがあっても、守るべきものがあればこそ人は強くなれる。家族やプライベートを大切にするということは、自らの成長を促し、自らを幸せにする貴重なエンジンになるのではないでしょうか。

だからあなたにも、仕事だけでなく、家族やプライベートも大事にしてほしい。忙しくてなかなか時間が取れないこともあるかもしれませんが、費やす時間が限られたとしても、大切に思う気持ちが強ければ、必ず思いは伝わります。絆が揺らぐことはありません。

仕事とプライベート、この両輪をうまく回してこそ、人は幸せに向かってひた走れるのです。

佐々木　常夫

佐々木常夫（ささき　つねお）
1944年秋田市生まれ。株式会社佐々木常夫マネージメントリサーチ代表取締役。69年に東京大学経済学部を卒業後、東レ株式会社に入社。自閉症の長男を含め3人の子どもが生まれる中、初めて課長に就任した84年に妻が肝臓病に罹り、その後うつ病も併発。大阪・東京と6度の転勤、破綻会社の再建など多くの難題がふりかかる中にあり、すべての育児・家事・看病をこなすため「ワーク・ライフ・バランス」を極める。自身の仕事では効率よく最大限の結果を出すことを念頭に置き、部下をまとめ上げるマネジメント力も磨き上げ、数々の大事業を成功に導いてきた。2001年、同期トップで東レの取締役に就任。03年より東レ経営研究所社長、10年に同研究所特別顧問となる。またこの間、妻の3度に及ぶ自殺未遂などの苦難も、家族の強い絆で乗り越えてきた。内閣府の男女共同参画会議議員、大阪大学客員教授などの公職も歴任。著書に『そうか、君は課長になったのか。』『働く君に贈る25の言葉』『部下を定時に帰す仕事術』（以上、WAVE出版）、『40歳を過ぎたら、働き方を変えなさい』（文響社）、『50歳からの生き方』（海竜社）などがある。

人生《じんせい》に悩《なや》む君《きみ》に贈《おく》る　1行《ぎょう》の問《と》いかけ

2021年8月1日　初版発行

著　者　佐々木常夫 ©T.Sasaki 2021
発行者　杉本淳一

発行所　株式会社日本実業出版社　東京都新宿区市谷本村町3-29　〒162-0845
編集部　☎03-3268-5651
営業部　☎03-3268-5161　振　替　00170-1-25349
https://www.njg.co.jp/

印刷／壮光舎　　製本／共栄社

ISBN 978-4-534-05863-8　Printed in JAPAN